일러두기

- 맞춤법과 외래어 표기는 현행 '한글 맞춤법 규정'과 『표준국어대사전』(국립국어원)을 따랐다.
  단, 글의 흐름상 필요한 경우, 관용적 표기나 일부 구어체는 그대로 살렸다(카톡방, 내비둬 등).
- 이 책에 사용한 그림책의 서지 정보(제목, 인명 등)는 표지의 표기를 따랐다.
- 책, 정기간행물은 『 』로, 영화·시·노래·방송 제목 등은 〈 〉로 표기했다.
- 이 책에 사용한 책의 저작권과 사진 초상권은 허락을 받았다.

다음별
컬렉션
04

그림책꽃밭에 살다

시골에서 책방 하기

김미자 지음

나는별

추천의 글

　김미자 선생은 어쩌다 책방을 열었을까. 하필 그것도 그림책이었을까. 그녀의 책방에 가서야 알았다. 아주 오래전 그녀를 알고 지내던 그때부터 지금까지 다정한 사람이라는 사실을 공고히 유지하고 있다는 걸 말이다. 어떻게 그토록 한결같을 수 있을까. 게다가 한시도 쉬지 않고 움직이는 그녀와 세상 다정한 남편. 그리고 하늘로 날아오를 것 같은 꿈이 담긴 책방 간판과 평화가 책방 공간에 모여 있다는 느낌을 받는 데는 시간이 오래 걸리지 않았다.

　김미자 선생의 이 책은 살갑다. 살가워서 오랜 체기로 부대끼던 마음이 녹는다. 시골살이를 향한 모두의 로망과 의지, 그에 따른 지혜가 책 안에 버무려지고 빚어져 있다.
　서점과 삶 속에 녹아든 그림책뿐 아니라 인생 꽃밭의 그림책 리스트도 읽는 재미가 있어 시소를 타듯 그녀의 글들 앞에서 너울거린다. 우리가 자라느라 코스모스처럼 한들한들 흔들렸을 그때, 내가 마구잡이로 뛰어다니지 않으면 땅이 뒤집힐 것 같아 자주 숨찼던 성장의 그때…. 이 책은 우리는 그때 어땠을까 하고 울컥 돌아보게 만든다. 아무렴, 우린 그때 심장 한가운데 솜방망이만 한 두근거림을 갖고 살았다. 그 두근거림은 이제 다 어디로 사라져 간 것인지.

그림책을 읽는 게 인생의 바퀴를 힘차게 굴리는 것임을 나직하게 말하는 그녀를 만나러, 행복이 뭐냐고 물으면 빙그레 웃고 또 웃기만 할 것 같은 김미자 선생을 만나러 곧 길을 나서야겠다.

이병률(시인)

들어가며

그림책과 더불어 시골살이를 시작하다

〈그림책꽃밭〉은 당진 시골 마을에 있는 그림책 서점이다. 2019년 가을에 문을 열었다. 나와 남편이 50년 넘게 지낸 도시 생활을 정리하고 시골로 내려와 마련한 의미 있는 공간이다. 나는 오랜 시간 그림책 관련 일을 했다. 시민 단체 〈어린이도서연구회〉에서 그림책과 어린이 책에 눈을 뜬 뒤 그림책 카페 〈도서관 가는 길〉을 열어 운영했고, 구로구청에서 위탁한 〈흥부네 그림책 작은 도서관〉 관장직을 맡아 일했다.

도서관 일을 끝으로 나머지 인생은 '그림책'과 '시골살이'를 아우르는 삶을 살겠다 마음먹었다. 서울 아파트를 팔고 31년 다닌 회사를 그만둔 남편의 퇴직금을 쏟아부어 시골에 집을 지었다. 60평 단독주택을 지어 서점 40평, 살림집 20평으로 나누었다. 40평 서점 공간에 그동안 내가 모아 온 그림책 5천여 권을 꽂았다.

그림책은 한 장 한 장이 모두 멋진 예술작품이다. 그림책 한 권을 본다는 것은 적은 돈으로 누릴 수 있는 또 하나의 예술 행위이다. 난 어린이들이 좋은 그림책을 보고 재미있어하는 만큼 그 책이 꽂혀 있는 공간 또한 충분히 멋진 곳이기를 바랐다.

다행히 시골 서점 〈그림책꽃밭〉에 오는 아이들은 이 공간을 아주 좋아한다. 문을 열고 서점에 들어온 어린이들은 신발을 벗고 카펫이 깔린 바닥에 앉거나 계단을 올라 위층으로 올라간다. 어떤 아이는 자기 몸보다 큰 곰돌이 인형 품에 쓰러진 채 누워 있고, 또 어떤 아이는 작은 인형을 품에 안고 구석 자리로 가 혼자만의 시간을 보낸다. 어디에 머물지 마음을 정하지 못하고 일이 층을 오르내리기만 하는 아이, 서점에서 책을 보는 대신 밖으로 나가 강아지를 구경하는 아이도 있다.

부모나 선생님들은 아이가 서점에 왔으면 좋은 책을 한 권이라도 더 보고 가기를 바란다. 하지만 이제 할머니 나이가 된 내 눈에는 책을 읽는 아이와 책 대신 다른 것에 관심을 보이는 아이 모두 똑같이 신기하고 예쁘다. 마당으로 나간 아이는 서점 강아지 '진풍이' 앞에 쪼그리고 앉아 뭐라고 말을 걸거나 정자 주위를 어슬렁거린다. 모두모두 그림책 속 주인공이다.

시골 넓은 터에 자리 잡은 〈그림책꽃밭〉은 문을 열고 나가면 사방에 논이 있고, 마당에는 내가 가꾸는 꽃밭이 있다. 이른 봄인 3월부터 피는 수선화를 시작으로, 봄 여름 늦가을까지 꽃들은 지치지 않고 차례로 핀다. 그러나 꽃은 결코 저절로 피고 지지 않는다. 수많은 그림책 가운데서도 더 좋은 책, 더 아름다운 책을 골라 서점에 꽂아 놓는 것처럼, 계절에 따라 궁리를 거듭하며 꽃을 심고 꽃밭을 가꾸어야 한다.

서점에서는 책을 파는 일뿐 아니라 공공기관의 지원으로 다양한 행사를 한다. 서점에 작가를 초청해 책 이야기를 듣는 '작가와의 만남'은 언제나 매력적이다. 작가는 이 시간에 책 쓰는 마음, 책 밖의 얘기, 책을 쓰면서 겪은 일 그리고 다음에 쓸 작품을 얘기한다. 어떤 그림책 작가는 완성본이 되기까지 연습한 스케치북을 보여준다. 작가들이 책 한 권 내기까지 견뎌 낸 과정을 보며 사람들은 크게 감동한다. 작가가 되고 싶다는 소망의 씨앗을 마음에 심고 돌아가는 이도 있다. 희망은 그렇게 우연히 찾아온다.

서점 문을 열고 몇 년 지나니 당진은 물론 서산, 태안, 천안 지역 어린이집과 초등학교 학생들이 단체로 서점 체험을 온다. 서점에 온 아이들이 신발을 벗고 소파와 마룻바닥에 자리를 잡으면, 나는 이 시골까지 와 주어 고맙다고 인사한다. 내 손에 그림책이 있는 것을 본 아이들 가운데 누군가 말한다. "시시하게 그림책을 봐요?", "만화책 없어요?" 이렇게 말하는 아이는 여태 자기 마음에 딱 맞는 그림책을 만나지 못한 거다. 내가 그림책을 읽어 주면 아이들은 대부분 눈을 반짝거리며 듣는다. "그 책 갖고 싶어요." 책이 마음에 든다는 걸 아이들은 이렇게 표현한다.

그림책 서점은 좋은 그림책의 힘을 믿는 사람만이 할 수 있다. 이야기를 좋아하며 아름답고 예쁜 그림책이 세상에 나오기를 오매불망 기다린다. 절판된 그림책을 어떻게든 찾아내어 한 권은 가지고 있어야 직성이 풀린다. 아이들을 좋아하고 그들의 엉뚱한 말 하나도 놓치지 않으려 노력한다.

이 모든 것보다 더 좋아하는 게 사람을 만나 그림책을 읽어 주고, 이야기를 나누는 일이다. 나는 좋은 그림책과 이야기에 기대어 이 길을 간다. 재미난 그림책이 어린이와 육십 대가 된 나를 이어 준다.

2025년 봄에
김 미 자

안녕! 우리는 모두 그림책꽃밭에 사는 식구들이야.

차례

🌷 추천의 글 004

들어가며 : 그림책과 더불어 시골살이를 시작하다 006

1장 그림책꽃밭을 만들다

때를 기다리다 016   엄마는 미안한 거름이다 020
시골집으로 이사한 날 024   집은 언제 다 지어? 028
어쩌자고 시작했을까? 034   어두운 겨울의 터널 040
처음 하는 그림책 강의 045   봄의 선물, 봄의 위로 050
〈그림책꽃밭〉 서점을 등록하다 055   명예의 전당 책꽂이와 간판 061
그림책 인생 꽃밭 · 하나 066

2장 그림책꽃밭을 가꾸다

좋아하는 일, 잘하는 일 074   나의 꽃밭 이야기 078
호텔 닭장 084   영업부장 진풍이 089
고양이가 사람을 이긴다 094   감자 싹과 명아주 싹 099
쓰러져야 자라는 양파 104   동화로 쓴 꽃밭 이야기 109
오래 사귈 나무 친구 113   서점 오픈 설명서 117
남편이 만든 나무 간판 121   하부지가 만든 상투 쿠키 125
그림책 인생 꽃밭 · 둘 130

3장 그림책꽃밭에서 만나다

왜 그림책인가? 138　아름답고, 깊고, 따뜻한 것에 기대어 143

내게 왜 오신 걸까? 148　무서워서 시를 읽는다 151

젊은 아빠 등에 얹은 손 155　경찰차 보고 놀라지 마세요 159

스리랑카 사유루 163　눈이 와도 와야 해요 166

김제동이 서점에 온 날 170　환갑에 먼저 간 정아 씨 174

그림책 인생 꽃밭 · 셋 178

4장 그림책꽃밭에 살다

엄마를 요양원에 모시며 186　혼자 부르는 아버지 노래 191

감자바우 딸 감자꽃 196　100일 추모 집회 200

서점 사용 설명서 206　교실에서 만난 고등학생 211

배추의 안부, 사마귀의 안부 214　부부에게 필요한 숨구멍 218

마당 결혼식 224　우리들의 피난처 230

그림책 인생 꽃밭 · 넷 234

나오며 : 새로운 날개와 뿌리가 필요한 때 244

1장
그림책꽃밭을 만들다

때를 기다리다

　시골살이를 꿈꾸기 시작한 때가 언제였던가? 2008년 유방암을 얻어 병원에 다니며 항암제를 맞았다. 임상 실험 환자였기 때문에 열여섯 번의 항암 횟수를 채워야 했다. 죽을지도 모른다는 두려움 때문에 죽고 싶지 않아 의사 말을 법으로 알고 따랐다. 암 진단 후 일 년 반 동안 수술과 항암 치료를 이어 갔고, 수술 뒤에도 거르지 않고 3주에 한 번씩 항암제를 맞았다.
　이제 몇 번만 더 병원에 가면 끝이구나 할 때쯤 새로운 병이 생겼다. 얼굴과 몸 여기저기가 빨갛게 부어오르고 가려웠다. 피부과로 옮겨 가 피부근염이라는 병명을 얻었다. '희귀병'이니 평생 약을 먹으며 조심하라는 의사 선생님 말씀이다였다. 피부과에서 나에게 진단명을 주고 약 처방을 내리기 전에 내가 유방암 수술 환자라는 것을 참고했을까? 참고했겠지…. 일 년 반 동안의 내 병원 기록과 내 몸에 들어온 독한 항암제 성분을 피부과 의사가 한 번쯤은 보았겠지?

아무리 애를 써도 나의 의문에 답해 줄 의사, 간호사 한 사람이 없었다. 다시 병원 치료를 시작해야 한다는 피부과 의사의 짧은 답과 의사가 준 처방전을 받아 든 채, 나는 병원 현관에 한참 서 있었다. 병원 회전문을 통해 표정 없이 들어오고 나가는 사람들, 차트를 가슴에 안고 종종걸음치는 간호사들 속에서 나는 어디로 가야 하나 혼잣말을 했다. 머릿속은 복잡했으나 처방전을 들고 습관처럼 병원 앞 약국으로 갔다. 약국 의자에 앉아 기다리던 나는 소시지처럼 줄줄이 이어진 3주 치 약과 연고를 봉투에 넣으며 뭐라 뭐라 설명하는 약사의 이야기를 듣는 둥 마는 둥 하며 약국을 나왔다. 나는 내가 이 약을 안 먹을 거라는 걸 약국 문을 나오며 알아차렸다.

나는 배낭을 꾸려 고속버스터미널로 갔다. 잠잘 곳과 먹을 것에 대한 아무런 준비 없이 여기에서 멀리 떨어진 곳으로 가고만 싶었다. 고속버스터미널에서 땅끝 해남 가는 차표를 끊어 차에 올라타는 순간부터 가벼웠다. 울고 싶은데 더는 식구들 앞에서 울 염치가 없어 집을 나왔다. 식구들은 내가 암 환자로 치료 받는 일 년 반 동안 충분히 지쳐 있었다.

혼자 해남, 강진, 장흥, 보성까지 걸었다. 어찌어찌 6일을 걷고 나서 서울 집으로 돌아오며 한 가지를 결심했다. '때를 기다렸다가 시골에 가서 살아야겠다.'

해남 바닷가에서 허리에 묶은 나일론 줄에 고무 대야를 매고 펄에 들어가 네발로 기어 낙지를 잡아 오는 꼬부랑 할머니를 만났다. 강진 농막에서, 보성 시골 식당에서 병원이나 약이 아닌 다른 것에 기대어 사는 할머니들을 보았다. 2009년 혼자 떠난 남도 길에서 시골 할머니들이 앞으로 어떻게 살아야 하는지를 내게 보여주었다.

충남 당진시 송악면 월곡리 235-2번지. 이곳에 땅 800평을 산 게 2016년이다. 시골 땅을 산 것만으로도 꿈의 반을 이룬 것처럼 좋았다. 오래전부터 남편이 퇴직하면 시골에 가 살고 싶고, 땅을 갖고 싶어 만나는 이들에게 소문을 냈다. "나는 시골에서 살고 싶어요.", "나 시골 땅을 갖고 싶어요.", "나는 시골에다 그림책 서점 할 거라고요."
나의 주문이 현실로 이루어지기까지 몇 년이 걸릴까? 도통 아는 거 없이 가슴만 뛰며 시작한 일이다. 시골 살고 싶다는 내 말을 제일 많이 들은 사람은 물론 한집에 사는 남편이다. "그래그래. 당신은 공기 좋은 시골에서 살아야지. 그래야 당신 건강을 지키지. 좋지. 시골 가서 살아야지."
남편은 내 말을 어떻게 들은 걸까? 무슨 생각을 하고 한결같은 대답을 한 걸까? 남편은 너무 쉽게 생각하고 대답한 거였다. 당진에 땅을 계약한다고 할 때 (은행 빚을 더하여) 나는 드디어 원하던 땅이 생겼다고 좋아했으나 남편은 분명 당황했다. 나는 그동안 남편이 했던 긍정의 대답만 믿고 그걸 담보로 시골 땅을 사 버렸다.

내가 당진 땅을 살 수 있도록 나서서 도와준 목수 아저씨는 토지의 형질을 변경하는 일부터 시작하여 집 짓는 일까지 맡아 하기로 했다. 목수 아저씨는 집 짓는 기간이 어림잡아 1년이라고 했다. 1년이면 충분하다 했고, 나와 남편은 그 말을 곧이곧대로 믿었다. 그 후 우리가 겪을 만만치 않은 과정은 꿈에도 모른 채 말이다.

엄마는 미안한 거름이다

"엄마는 진짜 가야겠다." 벌써 이 말을 몇 번째 하는가? 고개를 돌릴 때마다 몸을 움직일 때마다 손 갈 일이 점점 늘어났다. 목욕탕 타일에 있는 묵은때를 닦고 나니 이번엔 하수도에 물이 잘 내려가지 않는다. 여자아이 사는 집이 밖에서 훤히 들여다보이는 것 같아 천 쪼가리를 찾아 창문에 걸었다. 이런! 현미랑 쌀을 섞어 놓아야 밥을 해 먹지 않나? 냉장고 선이 이렇게 밖으로 나와 있어 걸려 넘어지기라도 하면 어쩌려고.

이제 막 이사를 마친 딸아이 집을 정리하는 중이다. "자식이 크면 당연히 독립해야지.", "옛이야기 주인공들은 하나같이 길을 떠나잖아." 그동안 나는 이런 소리를 얼마나 쉽게 했던가. 며칠 전 당진 다녀오는 길에 곧 헤어질 딸아이를 생각하며 고속도로 휴게소에 차를 세우고 혼자 울었다. 그렇게라도 마음을 풀어낸 덕분인지 딸아이 이사하는 날은 오히려 맘이 차분했다.

"진짜 가야겠다."라며 내가 가방을 챙기자 딸아이는 무심히 화장실에 들어갔다. 화장실에서 나오는 딸아이 눈이 빨개진 것을 나는 눈치채지 못했다. 5층 연립주택 계단을 다 내려와 어두운 주차장에서 딸아이와 작별 인사를 나눴다. 결국 참았던 울음이 터져 버린 딸아이를 내 품에 꼭 안았다. 내가 처음으로 품어 세상에 내놓은 나 닮은 아이. 큰아이, 딸아이. 내 품에 기대어 우는 딸아이의 머리부터 어깨, 허리를 꼭꼭 쓰다듬어 내리면서 나는 한마디씩 끊어 말했다. "내가 사는 동안 네 삶을 축복한다."

두 아이의 부모로 살면서 아이들 먹이고 재우고 입히는 것은 이래저래 다 했다. 정확히 언제부터였는지는 모르겠지만 자꾸만 아이들 보기에 부끄러운 일들이 생겨났다. 나이 든 어른이 아이들 앞에서 소리 내어 다투고 문 쾅 닫고 따로 밥 먹고 했다. 오늘 이렇게 딸아이를 안고 쉽게 놓지 못하는 마음은 한마디로 '미안함' 때문이다. 딸아이는 어느 순간 나를 엄마가 아닌 한 여성으로 보고 집안일을 나눠서 하고 속 깊은 대화 상대가 되어 주었다. 딸아이가 주는 에너지와 위로가 나를 유혹했다. 나는 자칫 이 아이와 내내 이대로 살고 싶다고 말할 뻔했다.

내 집으로 돌아와 불을 켜니 집 안이 어수선했다. 딸아이

살림이 빠져나가고, 우리 부부가 곧이어 당진으로 이사를 할 터라 집 안 꼴이 말이 아니었다. 나는 책꽂이 앞에 서서 『강아지똥』을 꺼내 보았다. 권정생 동화에 정승각이 그림을 그린 이 그림책은 한 장 한 장이 특별히 아름답다. 강아지똥과 민들레가 빗속에서 꼭 끌어안고 있는 장면을 보니 좀 전에 딸아이와 내가 부둥켜안고 서 있던 시간이 떠올랐다.

30여 년 전 아이들과 이 그림책을 읽을 때 나는 뭘 알고 살았던가? 그저 엄마가 되어 하루에 수십 번 아이들 이름을 부르며 아이들이 주는 에너지에 기대 지냈다. 나는 행복이 뭔지도 모른 채 행복한 가정을 만들어야 한다는 숙제를 품고 살아 왔다.

어지럽게 널려 있는 거실 짐들을 발로 밀어내고 겨울 담벼락 밑 강아지똥처럼 쪼그리고 누워 서러운 생각에 몸을 맡겼다. '딸아이가 없으면 늦은 밤 누구랑 이야기하며 살까? 그 낯선 연립주택에서 여자아이 혼자 안전할까?'

'안전할까?'라는 생각 뒤에 따라오는 온갖 불안을 떨치기 위해 글을 쓰기로 했다. 컴퓨터를 켜니 반갑게도 딸아이가 이제 막 보낸 글이 와 있었다. 딸아이는 나를 보내고 '남향집으로 이사한 날'이란 제목으로 글을 썼다. 새로 이사한 집은 남향집, 창이 큰 집이라 너무 좋다며 엄마 집에서 가져와 오롯이 자기 것이 된 책, 그림, 그릇 들을 하나씩 말했다.

엄마가 멋져서 좋았다. 나의 엄마는 마치 빛나는 노랑 갈기를 가진 사자 같았다. 사자는 차를 멋지게 몰아 좁은 골목길을 지나 집으로 돌아갔다. 노랑 사자는 집에 돌아가 환하게 집을 비출 거다. 어디에 있어도 엄마는 나의 남향이다. 빛나는 노랑 갈기로 사랑을 내뿜는 사자 같은 남향이다. 엄마의 햇살은 내 안에 항상 머물고 있음을 믿는다. 그래서 우리는 슬프지 않다.

시골집으로 이사한 날

2017년 봄부터 시골에 집을 짓기 시작했다. 건축을 맡은 목수 아저씨는 1년이면 집을 짓고도 남을 충분한 시간이라고 했다. 시골집이 지어지는 동안 우리는 아파트를 팔고, 서울에 남을 두 아이가 살 집을 얻어 미리 내보냈다. 여행을 기다리며 준비하는 시간이 실제 여행보다 설레듯이 나 역시 앞으로 올 시골살이를 꿈꾸며 정리하는 시간을 즐겼다.

주말에는 소소한 살림을 자동차에 실어 당진에 내려왔다. 맞은편 빈집 터에서 조금씩 모양을 갖추어 가는 집을 보며 고기를 구워 먹었다. 또 집 지어지는 과정을 기록으로 남기고 싶어 지붕 올리는 날, 유리창 다는 날은 현장에 내려와 사진과 동영상을 찍었다. "우리 제날짜에 이사할 수 있지요?" 나는 목수 아저씨를 볼 때마다 다짐을 받았고, 아저씨는 "문제없어요."라고 답했다.

돌이켜 생각해 보니, 집을 짓기 시작한 2017년 봄에 목수 아저씨는 서너 명의 인부들과 함께 바닥 콘크리트 작업, 철근 기둥 올리기를 했다. 그해 가을부터 인부들이 하나둘 안 보이더니 겨울에는 목수 아저씨 혼자 일을 했다. 뭔가 매끄럽지 않은 마음이 들었으나 문제없다는 아저씨 말을 믿고 지켜볼 수밖에 없었다.

집을 짓기로 한 1년이 다 되어 우리는 서울을 떠나 당진으로 갈 때가 왔다. 이삿날 아침, 이삿짐센터 아저씨들이 짐을 싸는 동안 남편은 부동산 중개소에 가서 서류를 처리하고, 나는 아파트 관리사무소에 들러 가스비와 관리비 같은 남은 일을 정리했다. 이사 중인 아파트 안으로 들어갈 수 없는 사정이라 딸아이와 함께 정든 고척동 동네를 한 바퀴 돌기로 했다.

마을버스 종점 끝자락에 있는 이 동네에서 나는 그림책 카페 〈도서관 가는 길〉을 차려 다양한 사람들을 만나고 그림책 모임을 했다. 10년 전 내가 꾸며 놓은 모습 그대로 있는 그림책 카페로 들어가 차를 시켰다. 처음 해보는 장사, 처음 해보는 카페에서 딸과 내가 얼마나 열심히 일했던지…. 재미난 옛 얘기를 좀 더 해볼까 하던 차에 이삿짐센터 아저씨에게 연락이 왔다. 일을 끝내고 당진으로 출발한다고. 서둘러 카페를 나온 우리 모녀는 아파트로 가 텅 빈 방을 둘러보고 손으로 창틀을 쓰다듬으며 마지막 인사를 했다. '우리가 이

집 참 좋아했던 거 알지? 이제, 안녕!'

　서울 구로구 고척동에서 이삿짐을 실은 트럭은 서부간선도로에서 직진으로 이어지는 서해안고속도로를 따라 1시간을 달렸다. 이삿짐센터 아저씨들은 서해대교 중간에 있는 행담도 휴게소에 들러 점심을 해결한다고 연락해 왔다. 우리 세 식구가 당진 집에 먼저 도착했다. 안타깝게도 시골집은 현재 반쯤 공사가 이루어진 상태다. 밖에서 보면 엉성하게나마 집 모양을 갖추었으나 안으로 들어가면 도배, 장판, 마룻바닥이 겨우 되어 있을 뿐이다. 무엇보다 전기가 연결되지 않은 집, 준공이 나지 않은 무허가 집이다.

　서해대교 끝나는 곳에서 송악 IC로 빠져나온 이삿짐 트럭은 15분 동안 국도를 달려 시골 우리 집 마당으로 슬금슬금 미끄러져 들어왔다. 우리 세 식구, 남편과 딸과 내가 집 앞에 서서 트럭을 맞이했다. 넓은 마당 한가운데 덩그러니 선 집 주위에는 잘린 철근, 나무토막, 샌드위치 판넬이 흉하게 널려 있었다. 겨울 동안 언 땅이 녹아 마당의 붉은 진흙땅이 사납게 질척거렸다.

　5톤 이삿짐 트럭은 조심조심 후진하더니 현관문 가까이에서 멈추었다. 운전기사 아저씨가 짐을 어디에다 놓냐고 물었으나 나는 선뜻 대답할 수가 없었다. 내 대답을 기다리던 아저씨 한 분이 집을 한 바퀴 둘러보더니 별말 없이 거실 한 귀퉁이에 짐을 쌓기 시작했다. 짐을 쌓기만 하는 일은 한 시간도 안 걸렸다. 일을 끝낸 아저씨들은 "자연에 살아 좋으시겠습니다."라며 계산을 끝내고 차에 올라탔다. 이삿짐센터 아저씨들이 떠나고 나면 내가 맞닥뜨릴 현실이 너무 분명하여 나는 떠나가는 이삿짐 트럭을 한동안 멍하니 바라보았다.

건너편 서점 공간에서 말없이 일하던 목수 아저씨가 건축 현장에서 쓰는 발전기에 긴 콘센트를 연결하여 우리 집 안에 넣어 주었다. 나와 딸아이는 먼저 부엌살림을 풀어 그릇을 부엌 선반에 올려놓고, 냄비나 조미료들은 아래쪽 싱크대에 넣었다. 안방에 이불장이 없으니 이불들을 바닥에 쌓아 놓고 보자기로 덮었다.

짧은 저녁 시간이 지나고 깜깜한 밤이 되었다. 춥고 어두운 집 거실 가운데에 스탠드를 켜고 세 식구가 둘러앉았다. 작은 책상 위에 휴대용 가스레인지를 놓고 라면을 끓이고 캔 맥주를 따 이삿날을 기념했다. 세 사람 모두 얼굴이 어두웠다. 오랫동안 벼르고 꿈꾸던 시골집을 지어 드디어 이사한 날인데 아무도 축하의 말을 못 했다.

앞으로 어떻게 될지 집에 관한 모든 것이 궁금했지만 어느 누구도 답을 알지 못했다. 고단하다. 잠이나 자야겠다. 발전기에서 끌어온 3구짜리 콘센트에 온돌 침대를 연결하여 따뜻하게 데웠다. 세 사람이 몸을 바짝 붙인 채 침대에 누워 이사 온 첫날 밤을 지냈다.

집은 언제 다 지어?

　　10여 년 전 서울에서 목수 아저씨를 처음 만났다. 고척동 카페 〈도서관 가는 길〉을 준비할 때 아저씨는 14평 카페 인테리어를 맡아 일했다. 4천만 원에 실내 공사를 계약하고, 내 첫 사업장이 만들어지는 것을 보기 위해 날마다 가게에 나갔다. 나는 목수 아저씨의 나무 다루는 솜씨, 꼼꼼하게 일하는 태도에 감동 받았고, 아저씨가 원하는 날에 맞추어 계약금, 잔금을 드렸다. 아저씨는 아저씨대로 평생 인테리어 목수 일을 하며 정확한 날짜에 공사비를 받아 본 게 처음이라고 했다. 아저씨와 나는 자연히 신뢰하는 관계가 되었다.

　　어쩌면 내게 아저씨가 더 필요했는지 모른다. 내 주변에는 인테리어, 땅, 집 짓기 같은 일을 의논할 사람이 도통 없었다. 나는 시골 땅을 사는 방법과 시골에 집짓기를 고민했고, 아저씨는 그런 나를 나서서 도와주고 싶어 했다. 그러다 목수 아저씨는 우리가 살 시골 땅을 알아보는 것부터 시작하여 집을 짓는 일까지 맡아 하게 되었다. 보통 인연이 아니다.

우리 부부는 시골 내려온 날부터 집 짓는 일을 거들기 시작했다. 싫어도 좋아도 해야 하는 일이다. 목수 아저씨와 건축 계약을 하고, 건축비를 몽땅 지불하고도 여태 집이 지어지지 않았으니 우리 마음이 좋을 리 없다. 그렇다고 집을 안 지을 수 없지 않은가? 목수 아저씨는 타일 붙이기를 제외한 토목, 건축, 인테리어를 혼자 하면서 집 짓는 기간을 넘기고 또 넘겼다. 공사 기간이 길어져 중간에 건축 법규가 달라지는 바람에 돈을 이중으로 써야 하는 일까지 생겼다.

아저씨는 아저씨대로 지나치게 싸게 건축비를 책정했고, 그동안 자재값, 인건비가 올라 착오가 크다며 어쩔 수 없다고 했다. 목수 아저씨를 상대로 따지고 언짢아하고 화를 내본들 아무 소용 없는 일이었다. 우리 부부는 어쩌다 이렇게 집 짓는 공사 현장 한가운데 있게 된 걸까?

남편은 엄연히 건축주임에도 불구하고 목수 아저씨를 따라다니며 일을 도왔다. 집 짓는 현장에서는 당연한 듯 목수 아저씨가 남편에게 이것저것 자잘한 일을 시켰다. 남편은 그 누구보다 훨씬 더 힘을 써 일하지만 일 요령이 없으니 결과가 초라했다. 하루 일을 끝낸 남편은 수돗가에서 몸을 씻으면서 끙, 발전기를 끌어와 데운 온돌 침대에 몸을 뉘면서 끙끙, 한밤중에도 잠에서 깨어 앓는 소리를 냈다. 전기가 들어

오지 않는 집은 냉골같이 추웠다. 무엇보다 화장실 사용이 어려워 난감했다.

우리 집 바로 앞에 있는 빈 농가는 박정희 할머니께서 새집으로 이사하며 그대로 둔 집이다. 오래 비워 둔 농가 구석구석에 거미줄이 뭉쳐 있고, 발 많이 달린 돈벌레, 집게벌레가 바글거리고, 구석마다 쥐똥이 쌓여 있지만 엄연한 집이었다. 무엇보다 전기 시설이 그대로 남아 있었다. 남자들이 집을 짓는 동안 나는 농가에서 밥과 반찬을 하고 남는 시간에는 그림책을 정리했다. 그림책 상자를 농가로 가져와 한 권씩 펼쳐 보고, 책에 묻은 얼룩을 닦으며 하루를 보냈다.

우리 집은 밖에서 보면 짓다가 멈춘 것처럼 별다른 변화가 없지만, 내부는 하나씩 만들어지고 있었다. 목욕탕에 타일을 붙인 날, 세탁기가 자리를 잡았다. 안방 장롱 문을 만들어 달자마자 바닥에 쌓여 있던 이불들이 제자리를 찾아 들어갔다. 한전 기술자들이 큰길에 전봇대를 세우고 전기선을 달아 집 안에까지 끌어들였다. 그동안 발전기에서 전기를 끌어와 급한 대로 온돌 침대와 냉장고를 연결하여 썼다. 이제 전기가 들어오니 온수가 나오고 보일러가 돌아 따뜻한 집이 되었다. 휴대용 가스가 아닌 인덕션을 써서 음식을 만들었다.

하나씩 집이 만들어져 가는 과정을 가까이에서 보는 일은 나쁘지 않았다. 난 집 짓는 현장과 농가를 뛰어다니며 밥을 차리고 꽃을 꺾어 식탁에 올려놓았다. 하루하루를 버텨 내려는 내 나름의 노력이었다. 목수 아저씨를 따라다니며 노동일을 하는 남편도 순간순간 신기한 일을 경험했다. 땅을 파고 하수도관을 연결하는 일을 할 때는 마치 인체 내부를 구경하듯 신기한 얼굴로 "아, 이런 거구나!" 하며 열심히 일했다. 시멘트를 섞어 비비는 일, 벽에 페인트 칠하는 일을 옆에서 도우며 남편은 그럭저럭 해나갔다. 그러나 예상치 않게 돈을 몇 번이나 추가로 내놓으면서부터 남편은 점차 기운을 잃어 갔다.

남들이 집 지으며 겪었다는 고생, 난감한 사례들이 실감나게 들려오기 시작했다. 우리처럼 건축비를 추가로 내는 일은 흔한 일이고, 도중에 일을 마치지 않은 채 사라져 버리는 건축가도 있단다. 이런 이야기를 들으며 나는 가슴을 쓸어내리며 그나마 다행이라고 생각했다가 다시 무거운 내 현실로 돌아와야 했다.

내 친구는 "집마다 완성되기까지 필요로 하는 시간이 따로 있나 보다."라며 기다려 보자고 말했다. 우리 부부가 살 집, 내가 서점을 차릴 집은 대체 얼마의 시간이 더 필요한 것일까? 그동안 우리는 그리 어렵지 않게 집을 얻어 살았다. 햇볕이 잘 드는 집, 저층 아파트, 초등학교 앞에 있는 집, 마당 있는 집 들을 우리가 가진 여력에 맞게 얻어 살았다. 집 짓는 일 역시 그런 줄 알았다. 집 짓는 이에게 돈을 주고 나면, 당연히 약속한 시간에 내 집을 갖게 되는 줄 알았다.

　집 짓는 현장 맞은편 논두렁 가에 키 큰 은행나무가 있다. 오늘 보니 그 나뭇가지에 까치들이 총총 자리를 옮겨 다니며 놀고 있다. 이쪽 가지에 앉은 까치가 까륵까륵 하면 맞은편 까치가 알았다는 듯 자지러지게 몸을 흔들며 까륵까륵 답했다. 새들은 몸짓, 날갯짓, 꼬리 흔들기, 소리의 높낮이를 가지고 저희끼리 재미나게 소통했다.

　사람은 말을 할 줄 할지만 정작 속마음과 다른 말을 하고 상대방의 말을 자기식대로 이해한다. 입을 닫고 말을 안 하기도 하고, 또 너무 많은 말을 하는 바람에 일이 꼬이고 커진다. 사람이 까치보다 못났다.

어쩌자고 시작했을까?

우리 부부를 한마디로 말하면, 남편은 자본이고 나는 꿈만 지닌 가난한 기획자쯤 된다. 남편은 내가 하고 싶다는 일을 믿고 퇴직금 일부를 기꺼이 내놓았다. 나는 자연스럽게 그 돈을 가져다가 시골에 집을 짓고 서점에 필요한 그림책을 사들였다. 그런데 돈이 자꾸만 들어갔다.

마음먹은 대로라면 남편 퇴직금으로 집을 짓고 서점을 차려 보란 듯 운영하면 되는 것이다. 내 속에는 남편을 향해서 '당신은 내 덕분에 시골에서 두 번째 인생을 멋지게 살게 되었으니 얼마나 좋아.' 하는 마음도 있었다. 그런데 예상치 않은 일을 만난 것이다. 남편은 처음 각오한 금액을 넘기는 돈을 내놓을 때마다 불안해하다가 불쾌해하다가 결국 소리 지르며 화를 냈다. 나는 처음 얼마 동안은 집이 완성되고 서점 영업을 시작하여 손님들이 찾아오는 상상으로 버티었다. 그러다가 상상하는 힘, 버티는 힘을 다 써 버리고 말았다. 나는 더는 집 짓는 현장을 깡충깡충 뛰어다니거나 꽃을 꺾어 식탁에 올려놓는 일을 하지 않았다.

목수 아저씨는 급한 대로 우리 두 사람이 살 수 있도록 살림집을 완성해 주었다. 그러나 서점 쪽 인테리어는 하다가 말다가를 반복하며 시간을 흘려보냈다. 앞날이 보이지 않았다. 이건 내가 어떻게 할 수 없는 일이다. 이제까지 나는 내가 열심히 노력하면 되는 일을 주로 하며 살아왔다. 난생처음 만나는 높은 벽 앞에서 내가 바라보고 달려온 '그림책 서점'이라는 것이 낯설기만 했다.

어쩌다 이렇게 일이 커진 걸까? 생각이 여기까지 미치자 무서웠다. 집을 짓기로 한 목수 아저씨는 내가 여태 경험하지 못한 방법으로 일을 했다. 남편은 좋은 마음으로 내 꿈을 밀어 주었으나 결과가 엉뚱한 쪽으로 흘러 맘이 상할 대로 상했다. 두 남자 사이에서 나는 길을 잃었다. 무엇보다 내가 지금껏 집을 짓고 서점을 하겠다고 써 버린 돈이 너무 컸다.

열매 작가의 그림책 『구멍』에 나오는 작은 구멍이 바로 지금 내 처지다. 책 속에서 구멍의 마음, 구멍의 처지, 구멍의 존재감이 바닥까지 떨어져 있다. 움직일 수도 없이 제자리에 박혀, 아무도 봐 주지 않는다며 구멍은 결국 말해 버린다. "나는 어쩌다 구멍이 되었을까?"

"나는 어쩌다 이 지경이 되었을까?", "나는 어쩌다 여기까지 왔을까?" 서점 바닥 한쪽에는 아직 풀지도 않은 그림책 상자들이 산처럼 쌓여 있다. 분명 뜨거운 희망을 지니고 시작했는데 지금은 그 희망 대신 어두운 절망이 파고들어 답 없는 물음만 던진다. '내가 진짜 이 일을 할 수 있나?' 집 짓는 현장에서 남편을 피해 다니며 울었다. 마당 한 켠에 산처럼 쌓여 있는 스티로폼에 몸을 기대고 어린아이처럼 다리를 뻗고 앉아 하늘을 올려다보았다. 한번 시작된 눈물이 멈추질 않는다.

저녁에 남편은 답을 들으려는 맘 없이 "대체 왜 우냐?" 하더니 막걸리를 먹고 방으로 들어가 버렸다. 남편이 잠든 걸 확인하고 나니 차라리 마음 한쪽이 차분해졌다. 마당으로 나가 밤하늘을 올려다보았다. 저쪽 하늘에 혼자 떠 있는 샛별조차 영 맥없이 끔뻑거리기만 했다. '어쩌니…' 우리 집 마당 끝에 서면 사방으로 물 댄 논이 펼쳐져 있다. 지금은 모내기철이고 한밤중이다. 달빛을 받아 반짝거리는 검은 논물을 바라보고 있자니 마치 다른 세계의 어느 강가에 와 있는 듯 낯설고 섬뜩했다.

결혼 전에 많이 울던 때가 있었다. 나는 친정엄마가 가지 말라는 대학에 들어가 경제적인 도움 없이 힘겹게 5년을 다녔다. 아르바이트를 하기 위해 학교를 갔나 싶을 만큼 학교

밖에서 일하며 돈을 벌었다. 졸업 후 버젓한 직장을 다니지 못하자 그동안 졸업만 기다리던 엄마의 화가 더 커졌다. 엄마는 내가 사는 방법을 하나같이 못마땅해했다. 사귀는 사람(지금 남편)이랑 빨리 결혼이나 하라며 나를 압박했다.

그런 날 밤이면 집을 나서 길동 시장을 지나 길동초등학교 담 밑에 앉아 울었다. 쪼그리고 앉아 머리를 다리 사이에 묻고 울었다. 그러다가 결혼했다. 결혼식 날을 잡고 친정 부모님께 인사를 온 남편에게 엄마는 말했다. "내 딸 눈에서 눈물 나게 하면 안 되네." 나는 그 소리를 듣고 놀라고 민망했다. 엄마 때문에 제일 많이 울었는데 엄마는 어떻게 저런 말을 할까?

갑자기 30여 년 전 길동초등학교 담벼락 아래에서 울던 20대의 내가 떠올랐다. 생각할수록 거기 쪼그리고 앉아 있던 스물일곱 살 내가 가여웠다. 지금 여기 밤하늘 달빛 아래 서 있는 나도 딱했다. 뭐라도 해보려고 애써 온 시간이 허망하고 무모했다. 어쩌자고 나는 여기까지 왔을까? 그림책 서점은 왜 하려는 걸까?

느지막이 잠자리에 들면서 다음 날이 오지 않으면 좋겠다고 생각했다. 아침에 달라지지 않을 현실을 만날 용기가 없었다. 막상 눈을 뜨니 어제보다 순해진 남편이 낮은 목소리로 무언가를 의논해 왔고, 나는 깊은숨을 몰아쉬며 그 동아줄을 잡고 힘을 내었다.

작업을 중단하고 서울로 갔던 목수 아저씨가 나타나 탁탁 타카 소리를 내며 서점 책장을 만들기 시작했다. 남편이 중국집에 전화해서 탕수육과 짬뽕을 시키고 아저씨와 우리 부부 셋이 둘러앉아 점심을 먹었다. 아저씨는 짬뽕을 먹으며 나무 얘기를 했다. "서점 천장 나무는 편백나무다. 이 나무는 옹이가 많아 흰색 수성페인트를 살짝 바르면 예쁘다. 책꽂이는 북미산 소나무다. 어린이들이 오는 곳이라 신경 썼다. 책상은 제일 비싼 삼나무다. 진짜 좋은 나무다. 서점 책상이랑 미자 씨네 식탁도 다 삼나무로 예쁘게 만들 테니 두고 봐라."

나는 통통 부은 얼굴을 한 채 젓가락으로 짬뽕 국수 가락을 집어 올렸다 내리기를 반복했다. 어색하다. 아저씨가 하는 나무 얘기, 책상 얘기들이 참으로 느닷없지만 이런 날 앞뒤 맥락을 따져 이해하고 생각하는 게 무슨 소용이 있는가? 그냥 오늘이 어제와 달라 다행이라 생각한다.

어두운 겨울의 터널

헉! 2018년 가을 장맛비가 내리던 날, 단단하게 쌓아 올린 흙 언덕 한쪽 끝이 뭉텅 쓸려 나가 버렸다. 가을 태풍이 여름 태풍보다 무섭다는 말이 바로 나에게 해당됐다. 우리 집은 도로보다 낮은 땅에 흙을 쌓아 단단하게 다져 그 위에다 지었다. 높이 쌓아 올린 흙 언덕 귀퉁이 일부가 오래 내린 가을비와 태풍을 못 이기고 쓸려 내려간 것이다. 열심히 서두르면 2018년이 끝나기 전에 건축 준공 검사를 받을 수 있지 않을까 기대했지만 어림없는 일이 되어 버렸다.

밤새 비가 퍼부었다. 다음 날 아침에 보니 내가 발을 딛고 섰던 마당 일부가 아래로 쓸려 내려가 있었다. 뚝 잘려 나가 아래쪽에 쌓인 흙더미를 위에서 내려다보는 건 섬뜩하고 힘든 일이었다. 종일 심장이 쿵쿵 뛰며 불안했다. 핸드폰을 쥐고 소파에서 꼼짝 않고 있는 남편도 마찬가지 마음일 것이다. 내가 가자고 한 시골, 내가 만들자고 한 서점, 내가 쓴 돈, 1년 내내 이어지는 힘든 노동에다가 수해 피해까지 겹쳤다.

  2017년 집 짓기를 시작할 때 목수 아저씨는 우리 땅이 도로보다 낮은 게 마음에 걸린다고 했다. 나는 낮은 땅에 그냥 집을 짓자고 했다. 길보다 높아도, 길보다 낮아도 나는 집만 있으면 된다고, 상관없다고 말했으나 목수 아저씨도 한 고집 했다. 건축주는 우리 부부인데 아저씨는 자기가 옳다며 그렇게 밀고 나갔다. 나중엔 자기에게 고맙다고 말할 것이라고 큰소리까지 쳤다. 결국 엄청난 양의 흙을 가져와 다지고, 그 위에다 집을 지었다.

  흙 언덕이 쓸려 나가고 비가 그친 날, 우리 부부와 목수 아저씨는 거듭 회의를 했다. 구불구불 길게 생긴 땅 주위로 보강토를 쌓으면 이번처럼 큰비가 와도 안전하단다. 말이 회의였지 잘못 건드리면 남편이 목수 아저씨를 어떻게 할 수도 있겠다 싶을 만큼 분위기가 험악했다. 보강토 공사는 또 큰돈이 들어야 했다. 흙 언덕 주위로 보강토를 쌓아야 안전하다는 걸 알지만 거기까지 돈을 쓸 수 없었다. 이제 우리에게 더 쓸 돈은 남지 않았다. 옥신각신 지옥 같은 상황이 몇 번 오고 간 끝에 결국 보강토 담을 쌓기로 했다. 예상치 않은 일억짜리 공사를 마칠 때까지 돈 때문에 부부 사이에 또다시 아픈 말이 오갔다. 이 어두운 터널을 부디 눈 감고 귀를 막은 채 지나가고 싶었다.

주말 저녁 내내 부부는 서로 말없이 무겁게 지내다가 내가 먼저 용기를 내어 읍내에 나가 저녁을 먹자고 했다. 15분을 걸어 읍내 중흥리에서 전기구이 통닭에 생맥주를 먹으니 좋았다. 왜 좋았냐 하면 마침 방송 중인 〈복면가왕〉 프로를 보느라 한 시간 넘게 텔레비전 쪽으로 고개를 돌리고 앉아 가끔 웃기까지 했으니까. 적당히 취해 집으로 오는 동안 새까만 시골길을 부부가 손을 잡고 걸었다.

집에 들어와 커피잔을 앞에 놓고 내가 말을 시작했나 보다. "당신에게 고맙고 미안하고, 또⋯.", "그만 좀 해. 그런 말 좀 그만해! 맨날 똑같은 소리!" 버럭 소리를 지르는 남편 목소리에 나는 화들짝 놀랐다. 좀 전에 통닭집에서 먹은 맥주의 취기가 몽땅 달아나 버렸다.

남편은 보강토 공사를 기점으로 더욱 냉랭해졌다. 그즈음 시골집으로 그림책 택배 상자가 연이어 오는 걸 보고 남편이 내게 작정한 듯 말했다. "나는 이제 돈 다 썼어! 돈 들어올 곳도 없어. 책은 이미 저렇게 많은데 왜 자꾸 사는 건가? 그렇게도 당신은 개념이 없나? 날마다 오는 택배 상자들을 내가 어떻게 이해하지?" 남편 말이 백번 맞는 터라 나는 할 말이 없는 게 당연하다. 그렇다고 '서점 준비를 멈출 수는 없지 않은가?'라며 속으로만 읊조렸다.

목울대까지 차오른 서러운 마음을 추스르지 못하고 있다

가 혼자 계신 친정아버지에게 전화했다. "아버지, 5백만 원만 빌려주세요. 금방 못 드리고 아버지 필요할 때, 그때까지 쓸 거예요." 지키지 못할 게 뻔한 딸의 말에 말수 없는 아버지는 전화기 저편에서 좀 길게 안타까운 소리를 하셨다. "거, 집 짓느라고 돈은 돈대로 쓰고 아직도 집은 안 끝나고 또 담장을 쌓는다고. 어이구, 나 원 참. 거, 참."

아버지는 전화를 끊자마자 은행으로 가 은행원의 안내를 받아 내 통장에 5백만 원을 넣어 주셨다. 아버지가 보내 준 돈의 크기와 나를 지지해 주는 큰마음이 그대로 전해졌다. 내가 철없는 자식인지 오전에 남편 말을 듣고 생겼던 서러움이 말끔히 가셨다.

힘든 보강토 공사를 선두에서 이끄느라 한동안 일손을 놓았던 목수 아저씨가 나타났다. 연장과 자재들이 어지럽게 흩어져 있는 서점에 서서 아저씨는 말했다. "내일은 지붕 마감하고 실리콘 싹 바르고 나면 벽난로 벽돌 쌓는 사람 올 거예요." 목수 아저씨는 어차피 내일이 와도 인부 안 부르고 벽난로 벽돌도 안 쌓을 것이다. 그렇지만 나는 목수 아저씨에게 왜 말한 대로 일을 진행하지 않느냐고 따져 묻지 않았다. 건축 현장에서 일하는 사람들의 관행이라고 말하면 오해를 살 수도 있겠지만 내 현실이 그랬다.

나는 시골 땅을 사고 집을 짓기 위해 잘 아는 사람에게 일을 맡겨 돈을 덜 쓰는 방법을 선택했다. 건축 사무소를 찾아가 건축설계부터 준공까지를 다 맡겼다면, 지금 우리가 겪는 웃픈 일은 안 생겼을지도 모른다. 그저 우리의 선택에 따르는 체계적이지 않은 일의 과정과 결과까지 받아들여야 했다. 이제 목수 아저씨 말을 다 믿지도, 다 안 믿지도 않는다. 어차피 목수 아저씨는 자기 마음 가는 시간에 할 수 있는 만큼 일할 테니까. 다행히 아저씨는 이 집을, 이 서점을 완성해야 한다는 의지는 분명했고 좋은 자재를 구해 와 꼼꼼하게 일했다. 나는 벽돌 한 장이라도 위로 올라가면 족하다 생각했다.

처음 하는 그림책 강의

　추운 겨울이다. 언제부터 언제까지를 겨울이라고 하는 걸까? 나는 손바닥을 펴 11, 12, 1, 2, 3을 소리 내어 말하며 손가락을 하나씩 안으로 접었다. '으… 겨울이 다섯 달이라니 너무 길다.' 3월을 겨울에 넣을까 말까? 잠시 고민했다. 아직 외벽을 칠하지 않은 우리 집은 여전히 생기 없는 회색 집이다. 짓다가 멈춘 집, 그 지붕 위에 하얀 눈이 소복하게 쌓였다. 목수 아저씨는 서점 인테리어 공사를 하다가 날이 많이 추워지자 일할 수 없다며 서울 집으로 갔다. 남편은 당진 관내 작은 도서관을 다니며 비슷비슷한 추리소설을 5~6권씩 빌려다 그것만 들여다본다.

　봄에 시골 내려와 여름, 가을을 보내고 겨울을 맞기까지 부부는 집 짓는 과정에 참가하여 열심히 일했다. 무엇보다 '내 집 짓기'라는 명분에 밀려 힘든 노동을 감수했고, 남편은 시멘트 배합에서부터 하수도관, 정화조 묻는 일까지 옆에서 도왔다. 모든 것이 멈춘 이 겨울은 우울만이 가득했다. 서울 딸아이 집으로 가 아이가 출근하고 없는 빈방을 따뜻하게 하고 책을 읽고 싶었다.

그런 유혹을 떨치기 위해 코트를 꺼내 입고 내가 쓴 책 『그림책에 흔들리다』 두 권을 가방에 넣었다. 〈당진시립도서관〉을 찾아가 강의를 부탁하리라 마음먹었다. 아침에 셋째 언니가 안부 전화를 했다. 늘 그렇듯이 언니가 하는 첫 번째 질문은 집은 다 지었냐는 것이고, 뒤이어 서울에서 도서관 관장도 하던 애가 그 경력을 가지고 어디든 가서 강의 하나 달라고 하지 왜 그러고 있냐고 숨도 쉬지 않고 말했다. 언니가 나를 걱정해 주니 고맙다가 염장을 질러 속상하다가를 몇 번 반복했다. 이 언니는 언제나 문제의 답을 자기식대로 쉽게 말해 버린다. 말의 방식은 좀 일방적이지만 언니의 따뜻한 마음이 느껴져 살짝 눈물이 났다.

강사 소개서, 서울 〈흥부네 그림책 작은 도서관〉에서 활동한 내용, 구로구에서 했던 내 강의 포스터를 참고 자료로 챙겼다. 비장한 맘으로 찾아간 것에 비하면 도서관 담당자와의 얘기는 순조롭게 끝났다. 새해 1월부터 〈당진시립도서관〉에서 일주일에 한 번씩 총 일곱 번의 그림책 강의를 하게 되었다. 강의를 준비하고 도서관에서 사람들을 만나다 보면 겨울이 가고 봄이 올 것이다. 집에 오는 길에 빵집에 들러 크림이 가득 묻은 빵을 샀다. 지금 나한테서 몽글몽글 솟아나는 희망을 닮은 하얀 크림빵!

   당진에서 처음 하는 그림책 강의를 준비하느라 모처럼 책상에 앉아 그림책을 살폈다. 어떤 사람들이 올지 몰라 강의 주제를 일곱 가지로 뽑았다. 사람이 태어나서부터 죽을 때까지의 생애 주기에 따라 그림책을 살펴볼 계획이다. 이제 막 세상에 온 영유아를 위한 그림책부터 시작하여 어른을 위로하는 그림책, 할머니 할아버지가 주인공인 그림책 그리고 죽음 그림책까지 골고루 목록에 넣었다.
   강의에 온 사람들은 젊은 엄마 세 명을 제외하고는 50세 전후의 나이였다. 그림책은 어느새 전 세대를 아우르는 중요한 매체가 되었다. 어떤 그림책이 좋은 그림책인가? 어떤 그림책이 우리를 위로하는가? 이런 화두를 던지며 이영경의 『넉 점 반』을 첫 그림책으로 소개했다. 20년 가까이 한결같은 애정으로 이 책을 보아 왔으니 한 장 한 장 넘길 때마다 내게서 다양한 이야기들이 줄줄 나왔다. 어린아이의 시간, 몰입의 시간, 나만의 시간, 우리가 만나는 자연 등을 얘기했다.
   강의 네 번째 날, 나는 한 가지 제안을 했다. 책상을 동그랗게 배치하고 서로 얼굴을 보며 왜 그림책 강의를 들으려 했는지, 그림책 강의를 듣고 나니 어떤 마음이 생기는지를 같이 나누자고 했다.

그해 6월에 아기 엄마가 될 효진 씨는 강의 중에 눈이 젤 반짝거렸다. 아기가 태어나면 어떤 그림책을 읽어 주어야 할지 그림책 강의를 들으며 알게 되었단다. 당진에서 태어난 다희 씨는 어릴 때부터 당진도서관에 와서 책을 읽었다. 세월이 지나 결혼하고 지금 엄마가 되어 아이 손을 잡고 당진도서관에 다닌다. 65세 민재 님은 얼마 전까지 직장을 다니며 퇴근 후에 손주를 집에 데려와 보살폈다. 몸과 마음이 힘들어도 제대로 말하지 못했다. 그렇게 버티다가 결국 응급실에 실려 가는 일을 겪고 나서야 직장을 그만두고 지금은 손주랑 함께 시간을 보낸다. 가끔 그림책 강의 때 민재 님이 손주를 옆자리에 앉히고 간식을 먹이는 모습이 따뜻해 보였다.

갱년기를 보내며 '나는 누구인가?' 하는 물음이 찾아와 몸과 마음이 힘들었다고 말하는 여성이 셋이나 있었다. 문예창작과를 다니며 나머지 인생은 평생 글쓰기를 하며 살고 싶었으나 "너는 소질이 없어."라는 교수의 말에 상처받은 뒤 지금까지 마음을 못 잡고 있다는 정희 씨. 중고등학생 두 딸의 엄마인 유진 씨는 정말이지 지금 너무 힘들다. 그림책이 모녀 사이에 혹 위로가 될까 하는 마음에 강의를 신청했다. 강의를 듣는 시간에는 아이들을 생각하지 않고 오직 그림책 이야기에만 집중했고, 앞으로 딸아이들과 좋아질 것 같은 용기가 생겼다.

집에 돌아오니 수업 시간 중에 미처 발표하지 않은 두 분이 문자 메시지를 보냈다. "먹고살기 바쁜 시골 부모님 밑에서 자랐어요. 선생님께서 풍부한 마음으로 읽어 주는 그림책을 보니 제가 어린 소녀가 된 것 같아요.", "농사짓는 집에서 살다가 또 농사짓는 집으로 시집와서 평생 농사일이 많아요. 손주가 태어나 집에 자주 와요. 올여름에는 손주랑 그림책 보고 일하면 예전같이 힘들지 않을 거 같아요."

봄의 선물, 봄의 위로

 봄이라는 계절이 와서 나는 다시 집 짓는 현장을 뛰어다녔다. 봄은 모든 것이 처음인 듯 내 마음을 새롭고 즐겁게 해주었다. 시골 내려오기 전에도 이 계절이 오면 나는 맘이 들떠 뭐라도 새로운 것을 하고 싶어 했다. 아파트에서 봄을 즐기는 일 가운데 하나가 화분갈이였다. 베란다에 앉아 신문지나 택배 상자를 놓고 화분을 엎어 보면, 겨울을 난 식물 뿌리에서 마구 올라오는 새순들이 있다. 그 새순들을 떼 내어 작은 화분에 나누어 심었다. 크기 순서대로 화분을 배치하고 베란다 물청소를 끝으로 허리를 펴고 깔끔하게 자리 잡은 식물들을 둘러보는 게 봄마중이었다.

 시골의 봄은 완전히 다른 세상이다. 남편과 바구니를 들고 두릅을 따러 산에 가는 중에 샛노란 수선화가 삐죽삐죽 올라오는 걸 보고 깜짝 놀랐다. 삽을 세워 수선화 핀 주위를 돌아가며 밟아 분을 떠 우리 집 꽃밭에 옮겨 심었다.

　농가 주인 박정희 할머니께서 다리를 다쳐 겨울 내내 집에 있었다는 소식을 들었다. 수선화 몇 송이를 꺾고 커피를 만들어 할머니네로 갔다. 할머니는 멀리 거실 창밖 낮은 산 쪽을 턱으로 가리키며 집에만 있어도 저기 꽃나무들이 차례로 피는 거 보면 좋다고 했다. 분홍꽃이 피고 나면 바로 옆에 있는 흰 꽃이 피어난다. 대문 옆 병꽃나무는 내가 처음 시집와 당진 시장에서 요 손가락 같은 나무를 사다가 심었는데 지금 저렇게 컸다고 했다.

　냉이를 캐기 위해 바구니를 들고 집 앞에 나갔다가 비어 있는 정씨 할아버지 집 주위를 어슬렁거렸다. 얼마 전 그 집 큰아들이 와서 아픈 할아버지를 모셔 간 뒤로 파란색 대문이 굵은 철사를 두세 번 돌려 감아 엉성하게 잠겨 있다. 주인 없는 할아버지네 담장 밖 뒤쪽에는 매실나무가 네 그루나 있다. 주인이 보살피지 않은 나뭇가지는 아무 데로나 마구 뻗어 있고 가지마다 하얀 매화가 다닥다닥 피어 있다. 가만 보니 그 나무 아래 폭신한 땅에서 봄 부추가 올라오고 있었다. '어머, 이걸 어째. 할아버지, 이거 제가 가져가요. 죄송해요. 감사해요.' 나무 아래 앉아 부추를 뽑아 다듬는 내 주위로, 내 머리 위로 하얀 매화꽃이 폴폴 내려앉는다.

　윌리엄 스타이그의 그림책 『멋진 뼈다귀』에 나오는 봄꽃 핀 장면이랑 완전히 똑같다. 학교가 끝나고 숲길을 지나 집으로 가던 주인공 펄은 숲속 꽃밭에 자리를 잡고 앉아 봄바람을 느낀다. 펄은 자기도 모르게 "아, 너무 좋아." 말한다. 봄 풍경에 빠져 집에 가는 것조차 잊은 펄이 '대가'를 치르는 얘기가 어찌나 조마조마한지. 낭만 쪽에 마음을 빼앗기며 사는 사람들은 어쩔 수 없이 값을 치른다. 그림책 주인공들은 하나같이 펄처럼 길을 잃고, 생각에 빠져, 부모 말을 어기고 호기심을 쫓아간다. 그 결과 우리가 사랑하는 주인공들의 이야기는 점점 더 풍성해진다.

바구니에 수북이 담아 온 부추를 다듬어 작은 상자에 담아 서울 딸아이에게 보냈다. 우체국 직원이 내용물이 무어냐고 묻길래 '부추'라고 했더니 벌써 부추가 나왔냐며 첫 번째 부추는 피 한 사발 같은 보약이라며 따님이 좋아하겠다고 한다. 따뜻한 덕담을 들으니 내가 훌륭한 엄마인 것 같아 우쭐했다. 저녁상에 냉잇국, 부추 메밀 부침개에다 민들레 새싹 샐러드까지 올라왔다. 모두 집 주위를 다니며 얻은 것이다. 욕심내서 많이 뜯어 올 필요가 없다. 거기 정씨 할아버지네 매실나무 아래 부추, 달래 올라오는 곳은 나만 알고 있으니 아무 때나 가도 몽땅 내 것이다.

아직 집이 다 지어지지 않았다는 이유로 손님 초대를 미루었더니 참다못한 아주버님들이 어머님을 모시고 집 구경하러 오신단다. 나는 아침 일찍 바구니를 들고 정씨 할아버지네 부추밭에 앉아 부추를 잘랐다. 예쁘고 튼실한 부추를 골라 다듬다 보니 시집와서 시집 식구들과 얽히고 풀리고 했던 일들이 떠올랐다. 형님들과 명절날에 부치던 김치부침개, 빚어 먹던 김치만두 같은 음식들이 생각났다. 먼저 시집와산 형님들 덕분에 나는 낯설고 불편한 시집 문화를 그런대로 견딜 수 있었다.

남편은 형들을 태운 차가 송악 IC를 빠져나왔다는 연락을 받자마자 저 멀리 마당에 나가 뒷짐을 지고 기다렸다. '여보! 거기 그렇게 서서 기다리지 말고 이리 와서 상 펴 놓고…' 하려다 목을 빼고 형들을 기다리는 남편 뒷모습을 보며 그만 가슴이 먹먹해졌다. 저 사람 낯선 곳에서 그동안 외로웠구나 하는 생각이 들었다. 저만치서 형들이 탄 봉고 차가 오는 걸 본 남편은 손을 높이 들어 올려 흔들며 이쪽으로 돌아오면 된다고 손으로 입으로 말을 했다.

아주버님들은 막냇동생이 시골에 내려가 집을 짓고 산다는 사실이 믿기지 않나 보다. 점심 식사 후 아주버님들은 호미랑 바구니를 들고 냉이를 캐러 주위 시골 빈 밭을 찾아다녔다. 머리 하얀 남자들이 냉이 바구니를 옆에 놓고 둘러앉아 두런두런 이야기 나누며 웃는 모습이 보기 좋았다. 시골에 집 짓고 사는 우리 덕분에 흩어져 살던 형제들이 잠시나마 따뜻한 순간을 누렸다. 둘째 아주버님은 삽을 들고 다니며 내가 나무 시장에서 사다 놓고 아직 심지 못한 홍매실, 청

매실, 사과대추나무를 말끔히 심어 놓았다.

"막내야, 지금은 감자를 심어야 할 때다. 감자는 심어만 놓으면 그냥 큰다. 완두콩 사다 뿌려라. 상추씨도 뿌려야지. 빨리 뿌리면 빨리 먹는 거다." 큰아주버님은 삽을 들고 밭고랑을 만들어 주었다. 막내 남편은 형들을 따라다니며 부지런히 "예, 예!" 대답하느라 바빴다. 오랜만에 남편이 막내로 돌아가 형들의 사랑을 받으며 행복한 얼굴을 했다.

\<그림책꽃밭\> 서점을 등록하다

　집이 완성되고 집 주위에 보강토를 쌓아 올리고 안전하게 울타리까지 만들었다. 우리 부부는 건축 준공을 받기 몇 개월 전부터 이미 새집에 들어와 살았다. 법에 벗어나는 일, 벗어나면 큰일 나는 줄 알았던 일을 집을 지으며 감히 해보았고, 그 결과 큰일이 나지 않는 것도 경험했다. 사전 입주라는 것도 그중 하나였다. 준공 검사가 있는 날, 나는 가슴을 졸이며 시청에서 나온 검사원들을 따라다녔으나 다행히 별일 없이 2019년 여름에 건축 준공이 떨어졌다.

　2018년 봄, 시골에 내려와 1년 넘게 집을 짓는다며 부부가 몸고생, 마음고생하며 보냈다. 다행히 나쁜 결말은 생기지 않았다. 여전히 해결해야 할 일들이 많이 남아 있지만 가장 힘든 일이 과거의 시간으로 흘러가 주어 얼마나 다행인지 모른다. 그동안 우리는 다 지어진 집을 얻어 들어가 사는 것을 당연하다고 여겼다. 그런데 지난 1년 동안 집 짓는 과정을 직접 겪고, 곳곳마다 우리 부부의 손길이 닿은 집에서 간절히 꿈꾸던 일을 하게 되었다. 생각할수록 어마어마한 일이다. 맘껏 꽃씨를 뿌릴 수 있는 정원 이야기는 아직 꺼내기도 전인데, 이미 차오른 감격이 너무 크다.

준공 검사가 떨어지자마자 나는 당진 세무서로 달려가 서점 등록을 했다. 그동안 마음 한구석에 있었던 '서점을 할 수 있을까?' 하는 불안한 마음을 다잡기 위한 행동이었다. 서점 등록은 따로 절차랄 것도 없다. 우리나라 서점 등록은 신고제다. 내가 정한 장소에서 서점을 하겠다고 세무서에 가서 신고만 하면 된다. 세무서에 머문 지 채 10분도 안 되어 〈그림책꽃밭〉 사업자등록증이 내 손안에 들어왔다. A4 용지 한 장으로 된 등록증이 내게는 고단한 집 짓기의 시간이 끝났음을 알리는 신호였다. 서점 사업자등록증을 앞에 놓고 제대로 숨 고르기를 했다. 처음 시골 내려오기 전부터 먹었던 마음, 꾸었던 꿈을 실행에 옮겨야 할 시간이 왔다. 그동안 많은 사람이 '왜 시골 서점인가?'를 물어 왔고, 그에 답을 하다 보니 자연히 스스로 정리가 되는 것도 있었다.

나는 오래전 일본 여행에서 그림책 서점의 좋은 모델을 제대로 보았다. 일본 미야자키에 있는 키조 그림책 마을은 자연 깊은 곳에 있다는 것만으로도 찾아오는 이들을 감동시

컸다. 한번 다녀온 사람은 그곳을 운영하는 이쿠토모 구로키 촌장님의 철학과 남다른 감각을 두고두고 기억할 수밖에 없다. 어린이와 그림책이 숲속에 있을 때 무엇이 좋은지 수십 년 동안 몸소 체험한 촌장님은 커다란 나무같이 항상 제자리를 지키고 있었다. 사람들이 찾아가기 불편한 숲속에 그림책 마을이 있어 잃는 것이 있고, 반대로 절대 잃어버리지 않고 차곡차곡 쌓이는 것이 있었다. 그곳에서는 들꽃 한 송이를 꽂아 놓은 작은 대나무 꽃병조차 품격이 있었다. 책꽂이 선반 같은 서점 인테리어는 온전히 나무만을 사용했다. 만약에 내가 그림책 서점을 한다면 무조건 시골 마을이어야 한다고 그때 생각했다.

당진에 내려오기 전, 〈흥부네 그림책 작은 도서관〉에서 관장으로 일할 때 이야기다. 2017년 구로구청에서는 100번째 작은 도서관을 만들어 〈흥부네 그림책 작은 도서관〉이라 이름 짓고 지역 동아리에 경쟁 입찰을 공고했다. 그때 나는 〈그림책꽃밭〉 글쓰기 모임을 8년째 이어 오고 있었고, 곧 당진 내려올 생각에 새로운 일을 벌일 마음이 없었다. 그러나 글쓰기 모임 동무들은 작은 도서관이라는 공간을 간절히 원했다. 나 역시 입찰 공고에 난 도서관 현장을 보고 나서 마음이 달라졌다. 구로구의 100번째 도서관은 넓은 마당을 가지고 있었다. 나는 그림책 도서관 자리로 이만한 곳이 없겠다 생각하고 입찰을 따내려 최선의 노력을 했다.

입찰 심사 때 나는 작은 도서관을 그림책으로 채우고 싶다고 말했고 '그림책'을 낯설어하던 심사위원들의 표정과 달리 결과는 우리 〈그림책꽃밭〉 모임에 도서관 공간과 운영이 맡겨졌다. 그림책 모임 동무들은 복잡한 도심 한복판에 있는 '마당 있는 작은 도서관'을 내 집처럼 아끼고 사랑했다. 도서관을 찾는 아이들, 어른들, 할머니 이용자에게 열심히 그림책을 읽어 주고 소개했다. 아파트에서 키울 수 없는 넝쿨식물을 심어 줄을 매달아 올리고 각종 꽃씨를 가져와 꽃을 피웠다. 내가 떠나온 뒤에도 후배들은 여전히 〈흥부네 그림책 작은 도서관〉을 맡아 잘 운영하고 있다.

이런 몇 가지 경험을 거치며 나는 그림책이 자연 속에 있을 때 더 빛난다는 사실을 깨달았다. 다시마 세이조의 그림책 『뛰어라 메뚜기』는 메뚜기를 일상에서 보고, 만져 본 아이가 보아야 제맛이 난다. 강아지를 키우는 아이가 강아지 나오는 그림책을 훨씬 생생하게 볼 수 있는 것과 같다. 그러니 서점이나 도서관에 온 아이가 그림책을 보면 어떻고, 구석에 있는 작은 공벌레를 쫓아다니면 어떤가?

나중에 서점을 차려 놓고 보니 아이들은 서점에서 키우는 개, 닭을 보고 낯설어하고 무서워했다. 해가 갈수록 놀라는 아이들의 수가 많아졌다. 메뚜기, 사마귀 같은 곤충은 책 속에서나 만나는 정보이자 대상으로만 머물러 있었다. 내가 우리 정원의 꽃을 꺾어 머리에 꽂아 주겠다고 하면 유치원 아이는 꽃을 꺾으면 안 된다며 깨끗하게 거절했다.

  책이 좋다고 모두 다 책을 보게 하고, 자연이 좋다고 다 같이 자연을 관찰하게 하는 시대가 아니다. 나는 그림책과 자연이 함께 있는 공간을 원했고, 무엇보다 내가 그 속에 살고 싶었다.

  집 짓는 한 해 동안 친구가 많이 다녀갔다. 해 떨어진 밤에 집으로 돌아가는 친구들은 이런 쓸쓸한 시골에다 나를 두고 가는 마음이 편치 않다고 했다. 맞다. 겨울에는 저녁 6시만 되어도 시골 마을은 캄캄하다. 시골에 사람이 없고 사방이 온통 논과 산으로 둘러싸여 있으니 고요함을 넘어 무섭다고 생각할 수도 있다. 내가 외로움을 즐기는 사람인가? 아니다. 나는 오히려 심심한 시간을 참지 못하여 시골살이를 선택했다. 몸으로 하는 노동을 즐기고 자연의 변화를 호기심으로 바라보는 사람이라면 내 말을 알아들을 것이다.

  보통 사람이라면 누구나 다 조금씩 외롭다. 그 정도의 외로움조차 없는 삶은 매력이 없다고 생각한다. 외로움이나 슬픔을 깊게 경험한 예술가들이 만든 음악, 미술, 문학 작품들이 우리를 온전히 위로하는 세상이다. 심지어 요즘에는 어린이문학, 그림책까지도 사람의 마음속 외로움을 따라가며 이야기를 만든다.

　서점을 하겠다는 마음 하나로 견뎌 온 시간이다. 시골에 서점을 짓고 서점 등록까지 마쳤으니 이제부터 서점을 예쁘게 만드는 일만 궁리해야겠다.

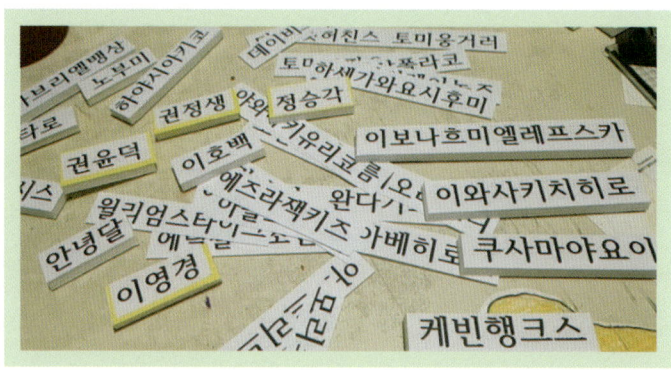

명예의 전당 책꽂이와 간판

남편과 목수 아저씨가 그동안 만든 나무 책꽂이를 서점 높은 천장 끝에까지 끌어 올려 벽에 고정했다. 두 사람은 넓은 책상 위에다 건축 현장에서 쓰는 비계를 올려놓고 그 위로 올라가 책꽂이를 힘겹게 달았다. 우리 서점은 밖에서 보면 보통 평범한 주택으로 보이지만 안으로 들어오면 와아 하는 소리가 나올 만큼 천장이 높다. 5미터 높이의 벽면에다 책꽂이를 달았으니 이제부터 아름답고 훌륭한 그림책들을 표지가 잘 보이도록 세워 놓을 것이다.

나는 이곳을 특별히 '명예의 전당'이라 이름 붙였다. 이는 그림책을 향한 나의 헌사이다. 처음 태어나는 아기를 위한 영유아 그림책 『달님 안녕』, 『사과가 쿵!』, 『잘 자요, 달님』, 『두드려 보아요』는 제일 잘 보이는 자리에 놓았다. 우리나라 단행본 그림책 시장을 시작해 준 소중한 그림책들은 특별대

우를 받아야 한다. 홍성찬의 『여우난골족』, 정승각의 『까막나라에서 온 삽사리』와 『강아지똥』, 류재수의 『백두산 이야기』 같은 작품들은 당연히 명예의 전당 주인공들이다.

우리나라 옛이야기 그림책만을 모아 따로 코너를 만드니 이 또한 의미 있다. 『반쪽이』, 『해와 달이 된 오누이』, 『팥죽 할멈과 호랑이』는 같은 옛날이야기지만 다양한 표지를 통해 자유롭고 새로운 그림책이 나올 수 있다는 것을 한눈에 알 수 있다. 그 밖에 세계 그림책 시장에서 상을 받은 그림책, 외국어로 번역된 우리 그림책, 내가 제일 좋아하는 인생 그림책들을 올려놓았다. 세상의 그림책들을 나만의 기준을 정하여 꾸민 명예의 전당 책꽂이는 그 자체로 아름답고 훌륭한 장식이 되어 주었고, 이제는 〈그림책꽃밭〉의 고유한 상징 중 하나가 되었다.

어쩌다 해외여행을 다녀올 기회가 있을 때마다, 나는 그 나라 미술관이나 서점을 먼저 찾았다. 미술관 선물 코너에서 내가 아는 그림책 주인공 인형들을 발견할 때면 주머니 사정을 따지지 않고 사 왔다. 하나둘 모은 인형들이 어두운 상자 속에 눌려 있다가 드디어 빛을 보게 되었다. 『괴물들이 사는 나라』의 주인공 맥스와 세 괴물을 상자에서 꺼내어 수염을 펴 주고 눌려 찌그러진 모자를 바로잡았다. 그 인형들을 그림책 옆에 나란히 놓을 때는 퍼즐 조각을 맞춘 듯 "와우!" 소리가 흘러나왔다.

　주말에 당진에 내려온 딸아이와 높은 사다리를 교대로 오르내리며 명예의 전당 책꽂이를 꾸몄다. 과거에 어린 딸과 같이 밤이 늦도록 수없이 읽었던 그림책들이 여전히 우리 곁에 머물며 그림책 서점이라는 또 하나의 꿈을 이루게 해주었다. 딸아이는 책꽂이에 그림책을 올려놓으며 "이 책은 내가 정말 좋아했던 책."이라 말했다. 높은 사다리에 앉아 그림책을 열어 보기도 했다. 딸아이는 어릴 때『침대 밑에 악어가 있어』,『개구쟁이 해리』같은 그림책은 통째로 외우기도 했으니까.

　나중에 성인 자녀와 함께 서점에 온 손님 중에 명예의 전당 그림책을 손으로 가리키며 "어머 저 책, 너 어릴 때 엄마가 읽어 줬지? 어머, 저기 네가 좋아했던『지하철은 달려온다』도 있다. 세상에나! 생각난다, 생각나!" 하는 대화를 들을 때면 아찔한 사다리를 오르내리며 고생했던 일을 보상받는 기분이 들었다. 그동안 내가 모아 온 5천 권 넘는 그림책들을 작가별로 모아 놓고 이름을 써 붙일 계획이다. 남편과 목수 아저씨가 뚝딱뚝딱 망치 소리를 내며 일하는 서점 한쪽에서 나는 책꽂이에 붙일 작가 이름을 명조체 40폰트로 할까, 굵은 고딕체로 할까 즐거운 고민을 했다.

8월에는 서점 문을 열고, 손님을 받는다는 목표가 생겼다. 우리 부부는 울퉁불퉁 자갈투성이 마당에 정원석을 깔고, 정원석 사이사이에 잔디를 심고, 마당 수돗가에다 네모난 빨래터를 만들었다. 서점 들어오는 입구 간판은 좀 특별하게 만들고 싶었다. 이번에도 목수 아저씨에게 부탁했다. "가로 10m, 세로 5m, 두께는 50cm 철판 구조물을 만들어 세울 수 있을까요?", "물론입니다."

목수 아저씨는 용접공으로 변신하여 흙바닥에 커다란 철판을 놓고 용접기로 녹이고 이어 붙여 커다란 구조물을 만들어 세웠다. 나는 미국 작가 키스 해링의 그림에서 힌트를 얻어 자유롭게 춤추는 모양의 어린이를 철판으로 만들고 싶었다. 커다란 크기의 전지 철판에 올라앉아 분필을 들고 팔 벌리고 춤추는 어린이를 그렸다. 목수 아저씨는 용접기로 그림을 따라가며 철판을 오려 냈다. 그러고는 철판 어린이 다리 쪽에 튼튼한 각파이프를 용접하여 땅에 깊숙이 박았다. 이제 마지막으로 철판 어린이를 색칠하면 끝이다.

페인트를 사다가 흰 구름을 품은 파란색 어린이와 주황색 어린이로 옷을 입혔다. 간판 집에 맡기지 않고 내가 궁리하고 그려 〈그림책꽃밭〉만의 첫 작품을 만들어 냈다. 이 간판은 지금까지 서점 들어오는 길목에서 느름하게 길 안내를 하고 있다. 그동안 미술관, 전시회를 다니며 보았던 뛰어난 아이디어, 아름다운 무엇이 그때그때 떠오르는 게 신기했다.

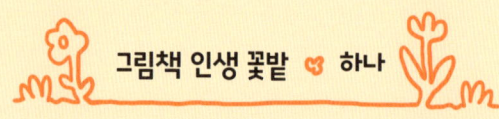

그림책 인생 꽃밭 하나

 지난 10여 년 동안 친정, 시댁 부모님들이 차례로 돌아가셨다. 그 일들을 다 겪고 나니 나 또한 나이 든 사람이 되었다. 자식들의 결혼이 늦어지는 세상이라 할머니가 되지 못한 나는 그저 '나이 든 사람'으로만 산다. 좋은 점도 있다. 온전히 나에게 쓸 수 있는 뭉텅이 시간이 주어졌다. 그 시간에 내가 그토록 하고 싶었던 일을 하며, 그 어느 때보다 자유로운 날들을 보내고 있다.
 내 나이와 비슷한 지인의 부고 소식을 들을 때면 죽음의 그림자가 내 옆에도 와 있는 것을 느낀다. 가능하다면 주위 사람들에게 폐 끼치지 않으면서 살다가 죽음을 스스로 선택하고 싶다는 얘기를 우리 또래는 부쩍 많이 주고받는다.
 인간이 보통으로 겪는 생로병사의 과정 중에서 늙고 병들어 죽음을 맞는 이야기를 다룬 그림책이 많다. 서점에 온 손님과 함께 이런 그림책을 골라 읽다 보면, 손님과 주인의 관계는 어느 틈에 의미를 잃고 더 속 깊은 삶의 이야기를 주고받는다. 내가 나이 든 사람이라는 점이 때론 좋게 작용한다. 나는 살아온 경험 중에서 깨닫고 느낀 것을 사람들에게 비교적 스스럼없이 꺼내 놓는다. 물론 잘못하여 후회하는 일까지 포함해서 말이다.

젊은 날, 길을 몰라 답답한 마음에 내 고민에 대한 구체적인 답을 얻으려고 사람을 찾아다닌 기억이 있다. 상대가 내 말을 들어 주어 좋았고, 내가 말을 하는 것만으로도 힘든 속을 덜어 낼 수 있었다. 여전히 나는 사람들과 말하기를 좋아하지만, 책을 읽으며 살아갈 수 있겠다는 생각이 나이 들어가는 나를 든든하게 잡아 준다.

지금 우리가 사는 세상은 조금이라도 돈을 더 벌기 위한 일과 건강하게 오래 사는 일이 중요한 가치로 놓여 있다. 자본과 건강 때문에 불안해하면서도 그걸 위해 열심히 돈을 벌고 시간을 쓴다. 내가 살아온 시대의 가치와는 사뭇 다르지만, 다른 점만 얘기하며 투덜댈 수도 없다. 지금 현실에 발을 디디고 사는 어른으로 세대를 아우르며 소통의 끈은 놓치지 않고 싶다. 어른인 내가 소통한다는 것은 다른 말로 하면 세상을 이해하고 사람들의 말을 들어 주는 것이다.

낡은 타이어의 두 번째 여행

❤ ♨ ❤
자웨이 글 | 주청량 그림 | 나진희 옮김
노란상상 2018

낡은 타이어, 두 번째 여행! 이미 제목에 나이 든 사람의 이야기를 품고 있다. 폐차에서 튕겨 나온 타이어는 이대로 멈출 수는 없다며 세상을 향해 애써 몸을 굴린다. 결국 바위에 부딪쳐 멈추지만. '아, 구르지 못하는 타이어가 무슨 의미가 있는가'라며 한탄하는 중에 엉뚱한 일이 생긴다. 타이어 안에 빗물이 고이더니 개구리가 몰려오고, 흙이 채워지자 꽃이 피어난다. 멈춘 타이어가 갖가지 들꽃을 품고 있는 장면은 참으로 아름답다. 마침 붉게 해 지는 하늘에 기러기 떼가 날아간다.

우리 부부도 이 폐타이어와 비슷한 경험을 한 적이 있다. 시골살이 첫해 가을 저녁 무렵, 특별한 소리에 놀라 밖으로 뛰어나가 보니 서쪽 하늘에서 검은 새 떼가 V 자로 날아왔다. 까맣게 몰려오는 겨울 철새 떼가 만들어 놓은 기이한 풍경에 우리는 "와, 와!" 감탄의 소리만 냈다.

그 뒤로도 고라니 울음 소리에 놀라고, 딱따구리 소리가 들려오는 나무 아래서 숨죽인 채 바라보기도 했다. 그동안 머리로만 알았던 계절의 변화, 바람, 흙, 꽃, 나무, 새 들을 날마다 마주하며 놀라워했다.

지난날 아파트에 살 때는 단지를 나와 맨 먼저 보이는 것이 상가에 붙은 아파트 시세와 매물 정보였다. 희한하게도 그러한 정보를 한 번 보고 나면 한동안 머릿속에서 무언가를 비교하고 궁리하느라 시간을 썼다.

그 숫자의 세계로부터 멀리 떨어져 나와 다른 것을 보고 느끼며 살 수 있어 다행이라 여긴다. 냉정하게 말하면 두 번째 삶을 살기 시작한 우리는 이미 예전의 몸과 마음의 상태가 아니다. 조금 게으르게, 느린 숨을 쉬며, 무리하고 싶지 않다. 누군가의 눈을 의식하지 않고 자유롭게 살고 싶다. 시골살이는 이런 우리에게 딱 맞춤한 옷이 되어 주었다.

키오스크

아네테 멜레세 글·그림 | 김서정 옮김
미래아이 2021

    키오스크는 신문, 잡지 등을 파는 작은 매점을 가리킨다. 올가는 좁은 키오스크 안에서 하루 종일 일하고 먹고 잠을 잔다. 올가와 키오스크는 한 몸인 셈이다. 어느 날 어처구니없는 일을 만난 올가는 키오스크와 함께 넘어지고 뒤집히더니 심지어 강물에 빠진다.

    올가처럼 갑작스럽게 인생 궤도를 벗어나는 일이 닥칠 때 '왜 내게 이런 일이 왔을까?'를 묻고 억울해하는 건 아무 도움이 안 된다. 올가가 보여주는 은유와 상징을 우리는 더 풍성하게 내 것으로 받아들일 수 있다.

    올가는 날마다 똑같은 일이 끝나면 팔고 남은 신문, 책을 펼쳐 보며 다른 세상, 가 보지 못한 넓은 세상을 꿈꾸곤 했다. 꿈이 있다는 것은 어쩔 수 없이 현실의 궤도에서 벗어났을 때 또 다른 세상으로 건너갈 수 있는 지도를 가졌다는 뜻이다.

인생은 지금

다비드 칼리 글 | 세실리아 페리 그림
정원정 박서영 옮김 | 오후의소묘 2021

"드디어 은퇴야! 이제 우리 마음대로 할 수 있어." 이렇게 시작하는 그림책 첫 장면과 달리 다음 장면부터 주인공인 은퇴 부부는 어느 것도 하지 못한다. 함께 할 수 없어서, 함께 하기 싫어서, 몸이 아파서 등을 핑계로 내세우며 모든 재미난 일을 다음으로 미룬다.

젊은 날부터 꼭 해야 할 일을 좇아 열심히 살아온 우리 몸은 별일 없이 쉬는 데 익숙지 않다. 그동안 일하느라 잘 노는 방법조차 모르고 살았다. 그래, 그렇다고 앞으로도 그렇게 일만 하며 살 수는 없지 않은가? 비록 젊은 날처럼 몸은 건강하지 않지만, 오늘 해야 할 청소와 설거지가 쌓여 있지만, 그건 잠시 미루고 오늘만큼은 먼저 사랑하고 행복하면 어떨까 하는 엄청난 메시지가 담겨 있다. 나부터 귀담아 두어야겠다.

2장
그림책꽃밭을 가꾸다

좋아하는 일, 잘하는 일

40년 전 학교 다닐 때 친구들끼리 돈을 모아 생일 맞은 친구 선물을 샀다. 그때 나는 한 발 뒤로 물러나 있었고, 친구들은 그런 내게 생일 카드를 내밀었다. "미자야, 네가 카드를 써라! 카드는 네가 잘 쓰니까." 모나미 12색 사인펜으로 꽃이나 촛불 같은 그림을 그려 넣어 생일 카드를 완성하는 일이 돈 없는 내 몫이었다. 다행히 마음 따뜻한 친구들이 있어 상처 받지 않고 깔깔거리며 그 시간을 통과했다.

어릴 적부터 나는 손재주가 좋은 아이였다. 수업 시간에 교과서 여백에다 그림을 그리고, 쉬는 시간에는 친구들에게 인형을 그려 주었다. 어느 날, 다른 반 아이가 내게 도화지를 내밀었다. 연예인 사진이나 그림, 시를 적은 종이를 코팅해서 가지고 다니는 게 유행하던 때였다. 그런데 내 인형 그림을 코팅하여 책갈피로 쓰고 싶다니 참 뿌듯한 일 아닌가?

인형을 실컷 그리고 나니 스케치북을 이젤에 세워 놓고 4B 연필로 그림을 그리고 싶었다. 고등학교 때 화실을 다니고 미술 대학에 가는 친구를 보며 부자 아이들은 남다른 그림 실력을 가졌나 생각했다. 내가 그리는 인형이나 예쁜 그림과는 차원이 다른 그림을 그리는 아이들, 잘하는 일을 알아차리며 꿈꾸고 부모의 지지를 얻어 앞으로 나아가는 아이들을 얼마나 부러워했던가.

결혼하고 첫아이를 낳고 키우는 중에 주먹을 꼭 쥐고 자는 딸아이를 보며 '한번 그려 볼까?' 생각했다. 집 앞 문방구에서 산 종합장에 잠자는 딸아이의 얼굴, 주먹 쥔 손, 펴진 손을 그렸다. 그 뒤로는 아이 키우는 재미에 빠져 그림을 잊고 살았다. 그러다 20년쯤 지나 기회를 만났다. 백화점 문화 센터 연필 인물화 수업! 일주일에 한 번, 2시간 수업을 받고 집에 와서 그리고 또 그렸다.

고척동 카페 〈도서관 가는 길〉을 운영하며 손님 없는 시간에 이젤을 세워 놓고 그림을 그렸다. 엄마 따라 카페에 오는 아이들, 카페 앞을 지나가는 동네 아이들을 사진 찍어 스케치북에 옮겼다. 가끔 구청 직원들과 마을을 돌던 구청장이 매장 안에서 뭔가를 그리는 나를 궁금해했다. 사람을 보내 무얼 그리는지 물어 왔고, 구로구청 전시장에서 내가 그린 우리 동네 아이들 그림을 모아 전시회를 열게 해주었다. 그림 그리기에 대한 오랜 여한이 떨어져 나가는 순간이었다.

앞으로 그림을 그리는 사람으로 살까? 나는 그때 연필 데생에서 유화 그리기로 넘어가는 중이었다. 우리가 사는 30평 아파트 베란다 한쪽에 팔레트, 유화 붓과 물감통, 캔버스, 오일 들이 자리를 차지하기 시작했다.

당진에 내려오기 전 나는 생각하고 또 생각했다. 화가의 길과 시골 그림책 서점 주인장으로 사는 길 중에서 하나를 선택해야 했다. 서점 할래? 그림 그릴래? 서점 할래? 그림 그릴래? 고민하다가 나는 서점 쪽에 손을 들었다. 옛날이나 지금이나 글 쓰고 그림 그리는 건 내가 참 좋아하는 일, 잘하는 일이지만 유화는 시간을 붙들고 앉아 그것에 집중해야 하는 깊은 세계이다. 나이 든다는 것은 다 할 수 없다는 사실을 인정하는 것이라 했다. 나는 그동안 화실을 다니며 그림에 몰입할 수 있었던 시간에 감사했다.

사람들은 내게 물었다. 어떻게 당진에 오게 되었냐고, 당진에 연고가 있냐고. 이런 질문을 하도 많이 받다 보니 내가 참으로 겁 없이 아는 사람 하나 없는 지역에 왔다는 서늘한 깨달음이 뒤늦게 찾아왔다. 시골 서점을 준비하는 긴 시간 동안 한 번도 의심하거나 고민하지 않은 문제였다. 다행히 잘 왔다고 나를 반겨 주고 인정해 주는 사람들이 있어 이 서늘함은 오래가지 않았다. 그들은 부끄럽게도 책 한 권 써서 세상에 내놓은 나를 작가님, 작가님 하며 따뜻하게 대해 주었다. 작가는 어디를 가도 괜찮다는 훌륭한 통행증 같았다.

내가 작가가 아니었으면 어쩔 뻔했나? 우리나라는 몇몇 인기 작가를 제외하면, 작가는 여전히 돈벌이가 안 되는 직업이다. 그런데도 사람들은 여전히 작가를 높이 사고 작가가 되고 싶어 하고 작가가 되기 위해 열심히 노력한다. 그 덕분에 나는 낯선 당진에 왔지만, 낯설게 보내는 시간을 줄일 수 있었다. 그래, 나는 작가다. 그러니까 '그림책꽃밭은 작가가 운영하는 특별한 서점'이다. '작가님'이라는 호칭이 부끄럽지 않도록 글쓰기를 게을리하지 않을 것이다.

사람들은 종이 위에 짧은 글 한 줄 쓰는 것조차 힘들어한다. 내가 『그림책에 흔들리다』를 내고 독자들과 만나는 자리에서 책 표지를 열어 한마디 적으면, 그렇게도 좋아할 수가 없다.

앞으로 서점에 아이가 오면 이름을 물어볼 것이다. 아이에게 말을 걸고 혹시 좋아하는 것이 있나? 이담에 꼭 하고 싶은 것이 있나? 이런 말을 주고받다 보면 자연스레 알게 되는 사실이 있다. 아이가 원한다면, 골라온 책 표지를 열어 격려의 말 한마디를 써 줄 것이다.

"준호가 세상에서 제일 멋진 거 알아? 축구 선수 하고 싶다고 했지? 생각만 해도 좋다. 넓은 축구장에서 마구 뛰어다니는 준호, 진짜 멋있어." 이렇게 진심을 담아 몇 자 적고, 그 옆에 축구공 하나 그려 주어야겠다.

나의 꽃밭 이야기

〈그림책꽃밭〉 서점은 그림책 『오소리네 집 꽃밭』에서 온 이름이다. 2011년 구로동에서 내가 시작한 그림책 모임 이름이 '그림책꽃밭'이다. 20여 년 전 시민 단체에서 동무들과 권정생 동화를 읽기 시작할 때부터 많이 좋아한 그림책이다. 〈그림책꽃밭〉 서점 등록을 마치고 정승각 작가에게 전화했다. 내가 이곳에 내려와 집 짓고 서점을 만들고 이름 지은 이야기를 하며, 첫 번째 그림책 작가로 강의를 해 달라고 부탁했다.

강의 날에 정승각 작가는 『오소리네 집 꽃밭』 그림책의 원화 중 가장 화려한 꽃밭 그림을 가져와 이젤에 세워 놓았다. 지난날에 권정생 동화를 처음 만났던 이야기, 권정생을 찾아가 그의 좁은 방에 나란히 누워 나누던 이야기를 들려주었다. 정승각은 권정생 동화를 그림으로 표현하는 과정에서 그림을 잘 그리는 일보다 더 우선하는 중요한 어떤 것을 알고 있는 작가다.

시골에 내려와 꽃밭을 만들 때 나는 『오소리네 집 꽃밭』에서 오소리 아줌마가 보고 감동한 초등학교 꽃밭을 많이 떠올렸다. 키 작은 채송화는 맨 앞에 심고, 중간에는 봉숭아와 백일홍, 수레국화 씨앗을 뿌렸다. 맨 뒤쪽에는 당연히 울타리를 따라 해바라기를 심었다. 해바라기 싹이 지나치게 촘촘히 올라온다 싶으면 아깝다 생각 말고 뽑아내어 간격을 벌려 주어야 했다. 꽃들에게 햇볕과 물만큼 중요한 게 사이사이 불어오는 바람이다.

주인공 오소리 아줌마는 양지볕에서 꼬박꼬박 졸다가 불어오는 회오리바람에 실려 읍내까지 날아간다. 읍내 장터에는 고무신, 운동화, 사탕, 떡 같은 신기한 물건들이 많지만 정작 오소리 아줌마는 학교 꽃밭에 온통 마음을 빼앗긴다. 무슨 결심이 섰는지 오소리 아줌마는 냅다 집으로 뛰어가 남편에게 "우리도 꽃밭 만들어요." 하고 조른다. 이 모습은 마치 나를 보듯 닮았다.

나 역시 목표가 생기면 바로 직진으로 달려가는 유형이다. 새로운 꽃, 예쁜 꽃을 보면 당장 이름을 알아내야 하고, 인터넷 사이트를 뒤져 씨앗을 구했다. 봄까지 기다릴 수 없어 한겨울에 하우스에서 키워 파는 모종을 온라인으로 주문하기도 했다. 그러다가 알뿌리 세상을 알게 되었다. 시골 농사꾼들이 한겨울에 감자 싹을 틔워 봄에 밭에 내다 심듯이 정원사들은 겨울 땅에다가 알뿌리를 심어 놓고 봄의 정원을 미리 준비한다. 춥고 지루한 겨울을 견디는 정원사들의 비법이다.

언제부터인가 비가 내렸다 하면 하늘에서 양재기로 퍼붓는 큰비가 내렸다. 큰비가 내리면, 우리 집을 지탱하는 축대는 괜찮은가, 하수도로 물이 잘 빠지는가 걱정하며 비옷을 입고 찬찬히 집 둘레를 돌아본다. 장화를 신고 물웅덩이를 창창창 밟다 보면 비 걱정은 사라지고, 『비오니까 참 좋다』라는 그림책 제목이 저절로 입 밖으로 나온다.

비가 어느 정도 그치면 망가진 꽃밭을 보살펴야 한다. 큰비가 지나간 뒤 꽃밭은 언제나 내게 여러 일거리를 안겨 주었다. 채송화, 봉숭아처럼 줄기에 물을 많이 머금고 있는 꽃들은 비가 오면 물컹 녹아 버렸다. 비바람을 맞아 쓰러지고 뒤엉켜 있는 백일홍 가지들을 일으켜 세우다 지쳐 결국 가위로 밑동을 잘라 버렸다. 봄에 눈부신 분홍 겹꽃을 보여준 함박꽃 알뿌리를 파 보니 썩은 고구마처럼 되어 있다. 이사 오자마자 기념 식수라며 심은 대추나무는 아래쪽 어디가 썩었는지 삽으로 건드리니 툭 하고 쓰러졌다.

비가 그치면 잡초들은 두세 배로 올라오지만 잡초를 뽑을 때도 이때가 딱이다. 물 먹은 잡초가 힘쓰지 않아도 쏙쏙

뽑힌다. 꽃모종을 옮겨 심기에도 이때가 맞춤하다. 처음 꽃밭을 만들 때는 새로운 꽃모종을 사 심기 바빴으나 다음 해부터는 우리 꽃밭 꽃들이 스스로 씨를 뿌려 충분히 번식했다. 촘촘히 올라오는 모종, 꽃 들을 삽으로 떠서 옮겨 심거나 이웃에 나눔 하기에도 비 온 뒤가 좋다.

 꽃밭의 풀 뽑는 일이 힘에 부쳐 남편에게 도움을 구했더니 "남자는 쪼그려 앉아 하는 일이 힘들다."라고 말하면서도 백일홍 사이에 난 잡초를 말끔히 뽑아 놓았다. 꽃을 잘 모르는 사람에게 일을 시킬 때는 실물을 손바닥에 올려놓고 보여주며 요건 국화 잎이니 뽑으면 안 되고, 요건 쑥 잎이니 뽑아내라고 알려 주어야 한다. 한 시간쯤 앉아 일을 한 남편이 주먹으로 허리를 두드리며 일어나더니 〈그림책꽃밭〉 이름에서 '꽃밭'을 빼면 안 되겠냐고 한다.

 시골 정원사는 일 많은 여름보다 정원 일 없는 겨울이 어째서인지 더 힘들다. 날마다 바라보며 인사를 나누던 색색의 꽃이 없기 때문이다. 아직 도시가스가 들어오지 않는 시골이라 두 사람 사는 집을 따뜻하게 데우려면 가스비가 꽤 많이 나온다. 내 어릴 적 아이들은 겨우내 집 안에서 몸을 오그리고 춥다 춥다를 입에 달고 살았고, 엄마는 그때마다 옷을 입으라고 했다. 그 말이 맞다. 몸이 좀 둔해도 겨울에는 옷을 든든히 입고 난방을 덜 하며 지내려 한다.

정원사이자 그림책 작가로 산 타샤 할머니를 생각한다. 미국에서도 유난히 겨울이 길고 추운 북쪽 버몬트 지방에 살았던 타샤는 겨울을 좋아했다. 겨울에 그녀는 봄, 여름, 가을까지 이어지는 바쁜 정원 일, 농사일을 내려놓고 모처럼 좋아하는 꽃 그림을 그리거나 사랑하는 강아지 코기를 그렸다. 맛있는 음식을 만들어 멋진 접시에 담아 먹고, 손녀들에게 원피스를 만들어 입히는 일도 바로 겨울이라 가능했다. 그런 타샤 할머니를 생각하니 정신이 번쩍 깨어난다. 여름 동안 찍어 놓은 핸드폰 속 꽃 사진, 고양이 사진을 그림으로 옮겨 봐야겠다. 계속하는 사람만이 계속할 수 있다는 말이 있다. 계속 그려야겠다.

호텔 닭장

우리 마을에는 웹툰 작가인 이지 씨가 부모님이랑 살고 있다. 처음 우리 집이 지어지는 동안 이지 씨는 자기가 어릴 때부터 변함없이 있던 논 한가운데 대체 뭐가 생기려나 궁금했고, 나중에는 그 건물이 서점이라는 사실에 매우 놀랐다고 했다. 그녀는 요즘 부모님 집 마당에 닭장을 짓고 각종 예쁜 닭들을 키우며 글을 쓴다. 이지 씨가 사는 집은 우리 집 뒤뜰에서 건너다보이는데 밤늦게까지 작업하는지 창으로 새어 나오는 불빛을 자주 목격하곤 한다.

어느 날, 이지 씨가 병아리 세 마리를 선물로 가져왔다. 급한 대로 빈 상자에 병아리를 담아 놓고 이지 씨가 가져온 모이를 넣어 주었다. 해가 지고 기온이 떨어지는 저녁에는 병아리 상자를 현관에 들여놓았다. 이지 씨가 햇병아리는 온도에 민감하다며 촉수 낮은 알전구를 가져와 상자 안에 넣어 주었다. 병아리들이 좁은 상자 안에 있는 게 답답해 보여 곧 철망을 사서 집을 지어 주리라 마음먹었다.

당진 내려와 살면서 개나 고양이, 닭을 키우고 싶다고 말하면 남편은 앞뒤 정황을 듣기도 전에 팔을 내저으며 "난 싫다고 했다. 분명히 말했다."라며 내 말을 막았다. 짐승 키우는 데 필요한 책임, 날마다 밥 주고 똥 치우는 일들이 결국엔 본인 몫이 될 것이라는 게 반대 이유였다. 남편은 해보지 않은 일을 상상하는 것조차 스트레스로 여겼다. 그 마음 이해하고 싶다가도 나는 양보할 마음이 없다. 앞으로 길게 이어질 시골의 하루하루를 뭘 하고 살겠는가? 시골살이와 아파트살이가 다를 바 없지 않은가! 이건 이래서 싫고, 저건 저래서 싫으면, 그래 그럼 당신이 집을 나가면 되겠네. 절이 싫으면 중이 떠나야지.

서점을 차려 놓고 나는 어떡하면 이곳을 살아 있는 공간으로 꾸밀까, 서점을 찾는 아이들에게 조금이라도 재미나고 유익한 공간을 보여줄까 궁리했다. 그런데 남편은 다 싫다고만 했다. 일 많아진다고, 번거롭고 지저분하다고. 하지만 나는 그걸 하고 싶어 시골에 내려왔다. 싸움만 하고 있을 틈이 없다. 난 생각보다도 훨씬 단호했다. 닭들이 뛰어놀 수 있는 튼튼한 닭장을 주문하여 설치했다.

홍성 사는 김중철 선생님은 내가 닭을 키운다니 잘했다며 닭 세 마리를 가져왔다. 낮에는 닭들의 움직임이 너무 빨라 도저히 손으로 잡을 수 없어 하루 전날 밤에 횃대에서 졸고 있던 닭들을 자루에 넣어 왔다. 선생님은 새로 지은 우리 집 닭장을 보며 호텔처럼 훌륭하다고 감탄했다.

호텔 닭장을 뛰어다니는 여섯 마리 닭들의 생김새나 모양을 보며 나는 이름을 지어주었다. 홍성에서 온 닭들은 '홍성 수탉', '홍성 깜찍이', '브라운스톤'이라 짓고, 이지 씨가 가져온 온 닭들은 웹툰 작가를 기념하는 뜻으로 '베스트셀러', '날으는 소설가', '막내 작가'라 이름 지었다. 그러고는 이름표 막대기를 만들어 닭장 앞에 꽂아 놓았다.

서점 체험을 온 어린이들에게 닭을 볼 테냐고 물어보고 닭장으로 데려간다. 닭장 철망에 매달려 닭장을 들여다보다가 큰 결심을 한 듯 안으로 들어가겠다는 아이가 나타난다. 그러면 또 다른 아이들도 뒤를 이어 너도나도 들어갈 마음을 먹는다. 예닐곱 아이들이 한꺼번에 들어가면 닭들이 놀라 꼬꼬댁거리며 닭장을 뱅글뱅글 돌며 도망을 다닌다. 날마다 보는 내 눈에도 닭이 신기한데 어린아이들 눈에는 얼마나 특별한 세계로 보일까?

가끔 아이들에게 이 닭이 크면 잡아먹는다고 말한다. 그러면 아이들은 무슨 괴물을 보는 양 소리 지르며 나를 쳐다본다. 너희들이 먹는 치킨도 닭이라고, 이것과 똑같은 닭을 잡아 털을 뽑아 튀겨 치킨을 만드는 거라고 말하면, 아이들은 극구 아니란다. 자기네가 먹는 치킨은 배달 오는 치킨일

뿐이란다.

　몇 해 전 친정아버지 살아계실 때 우리 집에 친정 식구들이 모인 날이 있었다. 아버지에게 극진한 무언가를 대접하고 싶은 마음에 닭을 두 마리 잡아 요리하기로 했다. 마침 닭을 잡을 수 있는 남동생이 있었기에 가능했다. 남동생은 어릴 때 강원도에서 할아버지가 닭 모가지 비틀어 잡는 장면을 어깨너머로 보았다며 나름 죽어 가는 닭의 고통을 짧게 하는 게 비결이라고 했다. 솜씨 좋은 언니들이 닭볶음탕도 하고 다음 날 아침으로 닭백숙을 끓여 모두 맛있게 먹었지만, 우리 부부는 닭 요리에 손을 대지 못했다. 친정아버지가 맛나게 드신 것만으로 나는 맘이 좋았다.

　그 뒤로 우리는 요리를 하기 위해 키우는 닭을 잡지 않을 뿐 아니라 바깥에서 닭 요리도 사 먹지 않는다. 이름 지어 부른 닭을 잡아 요리하고 먹는 일은 만만치 않다. 그러니까 아이들이 집으로 배달 오는 치킨을 맛있게 먹을 수 있는 것은 치킨이 되기 전 닭의 모습을 보지 않았기 때문이다. 사람의 먹이가 되기 위해 죽어 가는 동물을 가까이서 본다면 지금처럼 쉽게, 자주 고기를 먹지 못할 것이다.

　이제 우리 닭장에는 수탉 한 마리와 암탉 일곱 마리가 있다. 암탉들이 하루에 5~6개씩 알을 낳아 주어 그것만으로도 닭 키우는 재미가 쏠쏠하다. 암탉이 금방 낳은 알은 한참 동안 내 손바닥에 온기를 전해 준다. 암탉들은 자신이 낳은 알을 본능적으로 품어 새끼를 치고 싶어 하지만 주인은 암탉 엉덩이를 밀어내고라도 알을 가져온다.

    닭 사료가 떨어지면 남편이 마을 농협에 가서 사 온다. 사료와 물만 챙겨 주면 닭들은 크게 손 가는 일 없이 저희끼리 닭장 안에서 잘 놀다 잔다. 물론 일 년에 한 번 닭장 바닥의 묵은 흙을 새 흙으로 갈아주는 건 힘든 일이라 서울 아이들에게 부탁할 때도 있다. 닭똥 섞인 냄새나는 흙을 손수레에 퍼담아 화단에 뿌리고, 새 흙을 넣어 주면 닭들은 바로 그 흙에 몸을 비비며 목욕을 한다. 그러다 새로 갈아 준 흙 속에 지렁이라도 있으면 어떻게 아는지 금세 쪼아 먹는다.

영업부장 진풍이

　서점 마당에 진돗개 한 마리와 고양이 세 마리가 산다. 나는 시골로 내려오면서 너른 마당에 개와 고양이가 뛰어다니는 모습을 상상했다. 호미 들고 마당에 앉아 일할 때 작은 개나 고양이 한 마리가 내 옆에 나란히 앉아 있어 주면 좋겠다고 말이다.

　우리와 나란히 집을 짓고 사는 이웃사촌 목수 아저씨가 어느 날, 동네 어미 개가 낳은 새끼 한 마리를 얻어 왔다. 진돗개와 풍산개 사이에서 태어났다고 앞의 한 글자씩을 따서 '진풍이'라 이름 지었다. 처음 몇 달쯤 개를 보살피는 흉내를 내던 목수 아저씨는 개집 안에 마른 사료를 수북이 쌓아 놓고 건축일을 하러 간다며 며칠씩 집을 비웠다. 진풍이가 싸놓은 똥이 쌓여 똥 산이 생겼다. 나는 개집 앞을 지날 때면 줄에 묶여 끙끙거리는 진풍이와 눈을 안 맞추려 애썼다. 차마 못 할 일이었다.

이수지의 드로잉 그림책 『강이』에는 주인에게 제대로 보호받지 못하는 개 한 마리가 철창에 갇혀 있다. 좁은 철창 안에서 배고프고 목말라하는 개를 보다 못한 이웃집 언니가 "이렇게 키울 거면 내가 데려갈게요." 하며 실행에 옮긴다. 나도 그 언니처럼 진풍이 주인에게 화가 났다. 하루에 몇 번이라도 진풍이를 데려오고 싶었지만, 개를 키워 본 일이 없는 나는 진풍이 같은 커다란 개를 책임지는 일이 두려웠다.

진풍이 집 앞을 지나며 눈을 마주치지 않으려는 내 모습이 점점 비겁하여 스스로 불편했다. 그러던 어느 날 내 맘대로 진풍이를 데려와 서점 앞에 묶어 놓고 간식을 주었다. 남편 얼굴이 안 좋게 변했다. 남편은 개를 싫어하기도 하지만, 남의 개를 말도 안 하고 함부로 데려온 게 더 큰 이유였다. 나는 주인이 오면 다시 데려다 놓겠다고 약속했다. 아니 약속이라기보다는 혼자 중얼거렸다는 게 더 맞겠다.

진풍이가 우리 집 마당에 있던 날, 유치원 어린이들이 단체로 서점 견학을 왔다. 어린이들이 강아지를 좋아하는 정도는 상상 이상이었다. 아이들이 강아지 앞에 서서 구경하다가 가까이 다가가려 하자 남편은 어쩔 수 없이 강아지 목줄을 붙들고, 한쪽 무릎을 꿇고 앉아 "가만! 진풍이 가만히, 가만히 있어. 앉아!" 하며 타이르고 간식을 주었다. 진풍이가 남편이 시킨 대로 앉고, 손을 내주고 간식을 받아먹는 모습을 본 아이들은 대단한 서커스라도 구경하는 듯 함성을 질렀다. 아이들은 강아지 엉덩이 끝자락이라도 한번 쓸어 보고 싶어 했다. 아이들의 그런 모습에 남편이 흔들렸다. 남편은 아이들의 작은 손을 펴서 강아지를 만져 볼 수 있도록 도와주었다.

아이들이 돌아가자 "이 녀석이 우리 서점 영업부장이네." 라고 말했다. 그날 진풍이는 우리 식구가 되었다. 더러운 걸 못 참는 깔끔한 남편은 진풍이가 집 앞에 똥을 싸도록 놔두지 않았다. 그 덕분에 진풍이는 새 주인아저씨와 하루도 빠짐없이 아침 산책을 했다. 진풍이는 확실히 변했다. 눈동자가 반짝거리고 훨씬 편안한 얼굴로 꼬리를 흔들고 맘껏 까불었다. 어쩌다 새 주인 양반들이 바쁜 일로 산책을 거르면, 그녀석은 끝내 똥을 참고 있다가 산책할 때 비로소 해결할 만큼 영리했다.

"강아지 이름이 뭐예요?", "강아지가 몇 살이에요?", "이 강아지는 남자예요, 여자예요?" 아이들이 제일 많이 묻는 질문 세 가지에 대한 대답을 아예 나무 기둥에 써 두었다. '이름은 진풍이, 2018년 태어남, 남자, 진풍이는 산책을 좋아해요.'

진풍이 덕에 가끔 부부가 나란히 산책을 한다. 동네 할머니 중에는 그런 우리를 따뜻한 눈으로 쳐다보며 "그 개가 좋은 주인 만나서 호강하네."라고 말해 주기도 하고, "똥이나 싸는 개를 뭐 하려고 키우냐."는 아저씨도 있다. 같은 장면을 보고 사람들은 참으로 다르게 말한다. 시골에서 혼자 사는 할머니들은 이미 개와 고양이를 키우며 충분히 교감을 나누고 있다. 혼자 사는 할머니와 개, 할머니와 고양이가 나오는 그림책이 유난히 많은 것도 같은 이유로 보인다.

 시골집 개와 고양이들은 주인을 따라 집 안으로 들어가기보다는 마당에 사는 경우가 많다. 우리 동네 사는 몸집이 작은 개 한 마리는 목줄 없이 자유롭게 가고 싶은 곳을 다닌다. 주인 할머니랑 같이 마을회관도 가고 할머니 친구 집도 간다. 할머니가 밭일을 안 하는 날, 문밖 외출조차 하지 않는 날에는 개 혼자 졸랑졸랑 동네를 순찰한다. 하루 한두 번 산책하는 것 말고는 평생 묶여 지내는 우리 집 진풍이 앞에 그 작은 개가 와서 씰룩거리다 사라질 때가 있다. 그런 날에는 목줄을 맨 진풍이가 유난히 쓸쓸해 보인다.
 개들이 묶여 지내는 거에 비해 고양이들은 아주 자유롭다. 집고양이, 길고양이 모두 마당 전체를 자기들 놀이터 삼아 누리는 것도 모자라 마치 묶여 있는 개를 약 올리려는 듯 굳이 그 앞을 지나간다. 진풍이는 고양이를 잡아먹겠다고 으르렁거리지만 엄연히 묶인 신세다. 겁 없이 길을 뛰어다니다 로드킬을 당한 고양이가 시골길에는 흔하다. 온종일 목줄에 묶여 지내는 개보다 비록 큰 위험을 안고 살지만, 제 맘대로 온 천지를 뛰어다니는 고양이 삶이 더 낫다고 생각한다. 나는 그렇다.

고양이가 사람을 이긴다

진풍이가 우리 식구가 된 지 2년쯤 뒤에 고양이 한 마리가 우리 집에 왔다. 남편이 "내가 진짜 고양이는 안 된다고 했다."라고 말하는 중에 하필 고양이와 남편 사이에 손님이 있었다. 그 손님이 새끼 고양이를 만지며 "고양이는 정말로 사랑스러운 동물이에요." 하는 바람에 남편은 세게 반대할 틈을 놓치고 말았다. 이렇게 우리랑 첫 인연을 맺은 고양이가 '꽁지'다.

내 어린 시절은 애완동물을 키울 수 없는 가난한 시대였다. 나는 좋아하는 인형조차 맘대로 가지고 놀 수 없었다. 인형이나 동물은 어린아이가 다 못 한 말을 할 수 있는 좋은 상대다. 비단 어린아이뿐인가? 짐승을 키우고부터 우리 집 어른 남자가 혼잣말을 많이 한다. "야, 이놈아! 천천히 먹어. 누가 뺏어 먹냐? 아무도 안 먹어. 내가 밥 주는 거야. 내 말 잘 들어라!"

 남편은 고양이는 싫다고 할 때와는 딴판으로 까맣고 작은 고양이 꽁지를 아꼈다. 더 크기 전에 중성화 수술을 시켜야 한다는 말을 듣더니 직접 나서서 병원에 다녀왔다. 수술 후 마취에서 깨어나느라 비틀거리는 모습을 보고 난 뒤에는 한층 더 꽁지를 애지중지했다.

 꽁지에게 주는 밥을 마을 길냥이 한 마리가 와서 같이 먹다가 식구가 되었다. 몸에 가짓빛 보라색이 있어 이 아이 이름은 '가지'라 지었다. 언젠가 산책길에 앞집 할머니에게 고양이 갖고 싶다고 말해 놓고 난 까맣게 잊고 지냈다. 그사이 우리 집에 고양이 두 마리가 생겼으니 아쉽지도 않았다. 그런데 앞집 할머니는 도둑고양이가 또 새끼를 낳아 골치 아프다며 젖 뗀 새끼 고양이 한 마리를 쌀자루에 넣어 꽁꽁 묶어 데려왔다. 목에 방울까지 단 고양이를 꼬부랑 할머니가 유모차에 기대어 겨우겨우 우리 집까지 왔을 때 마침 마당에 있던 남편이 거절하지 못하고 고양이를 받았다. 목에 방울을 달고 온 아이라 '방울이'라 불렀다.

 꽁지, 가지, 방울이. 이렇게 하여 고양이는 모두 세 마리가 되었다. 어느 날부터 고등어 무늬 어린 고양이가 제 발로 와서 밥을 얻어먹겠다고 밥그릇에 머리를 들이밀었다. 남편은 어딜 와서 밥을 먹냐며 주먹을 하늘로 쳐들며 쫓아냈다. 고양이 세 마리 이상은 절대로 안 된다는 거다. 나는 맞서다가, 설명하다가 더는 피곤하여 포기하고 남편 하는 대로 내 버려 두었다.

그 고양이는 기어코 와서 우리 집 사료를 먹었다. 남편은 빗자루를 들고 내쫓는 대신 고양이를 잡아 담 아래로 던져 버렸다. 며칠 뒤 고양이가 다리를 절뚝거리며 밥 먹으러 왔다. 마침내 고양이가 남편을 이겨 먹었다.

그날, 그 고등어 무늬 고양이를 '몽실'이라고 이름 붙였다. 권정생 동화 『몽실 언니』에서 주인공 몽실이가 의붓아버지에게 떠밀려 부엌 바닥으로 떨어져 넘어지는 바람에 절름발이가 된다. 고등어 무늬 고양이가 꼭 몽실이 신세다. 남편은 더는 밥 먹는 몽실이를 내쫓지 않았다. 고양이 네 마리가 아침저녁 동서남북으로 둘러서서 밥그릇에 머리를 박고 밥 먹는 풍경이 좋아 사진을 찍어 가족에게 보냈다.

두 달쯤 지났을까? 맙소사, 몽실이가 새끼를 가져 창고에다 몸을 풀었다. 텔레비전의 동물 프로그램을 보면, 위험에 처한 야생 고양이 한 마리 구하려고 사람들은 온갖 장비를 동원하고 인간애를 발휘한다. 지금 우리 집 현실은 그 반대다. 남편은 아량으로 받아들인 몽실이가 새끼까지 낳자 배신감과 불쾌감을 드러냈다. 남편은 무조건 싫어했다. 몽실이가 낳은 새끼들은 물론 몽실이가 사료 먹는 것도 싫어했다. 나는 남편과 몽실이, 몽실이 새끼들 사이에서 며칠 마음고생을 하다가 마침내 남편이 몽실이 새끼들을 쓰레받기에 담아 창고 밖으로 내다 놓는 것을 보았다.

다시 한번 고양이가 남편을 이기고야 만다. 엄마 몽실이는 밤사이에 창고에다 새끼를 물어다 놓았다. 남편은 몽실이를 상대로 분을 삼키지 못했다. 참다못해 내가 나섰다. "길 건너 목사님네는 길고양이에게 일부러 밥을 주잖아. 새끼들 거기다 갖다 놓아."

딸아이가 아빠를 원망했다. 현실의 이런 복잡한 사정을 알지 못하는 아이들은 잠시 내려와 고양이, 강아지 예쁘다며 안아 주고 돌아간다. 나는 동물권, 묘권을 말하는 딸아이 편에 맘 편히 설 수 없는 처지다. "너희 아빠가 고양이 세 마리 보살피는 걸 보면 쉽지 않아. 난 그거만 생각하련다."

몇 달 뒤 몽실이는 자기가 낳은 새끼 중 하나를 데리고 우리 집에 다시 나타났다. 몽실이가 낳은 새끼는 이미 제 엄마보다 덩치가 컸다. 새끼와 함께 애절한 눈으로 현관에 서 있는 몽실이를 마주하자 남편은 더 이상 어찌할 수 없는 힘을 느낀 듯했다. 그걸 눈치챈 내가 재빠르게 몽실이 아들 이름을 '몽자'라고 지어 주었다. 몽실이 자식이니까 몽자다.

다행히 몽실이는 더 이상 새끼를 갖지 않았고, 우리 집 언저리에서 아들 몽자와 함께 산다. 내가 호스를 들고 꽃밭에 물을 뿌리면 수국 그늘 뒤에서 잠자던 몽실이가 깜짝 놀라 튀어나온다. 어디에 있다가도 하루에 두 번은 밥 달라고 야옹거리며 나타난다.

아침저녁 밥을 먹겠다고 우리 집으로 오는 고양이들이 모두 비슷비슷하게 고등어 무늬를 하고 있어 남편은 날마다 똑같은 질문을 한다. "쟤가 몽실이 아들인가? 쟤가 몽실인가? 저 아인 또 누구야?"

감자 싹과 명아주 싹

　시골에 내려와 처음 몇 해는 상추, 고추, 가지, 토마토 같은 주말농장 인기 작물을 심어 먹다가 차츰 한 가지씩 종류를 늘려 나갔다. 이웃 할아버지나 할머니께 달려가 "파는 언제 심어요? 마늘은 어떻게 심어요?" 하고 물어보면 어쩐 일인지 그분들은 시원한 답을 안 주었다. "그냥 대충 심어.", "몰러." 할 수 없이 나는 이웃이 감자 심으면 감자 심고, 이웃이 배추 심으면 시장으로 달려가 배추 모종을 사 왔다.

　용인에서 어린이집 하는 친구 은혜가 우리 집에 놀러 왔다. 친구는 어린이 현장 체험 학습을 위해 주말농장을 얻었다며, 감자와 고구마를 심고 싶다고 했다. 감자와 고구마는 엄연히 심는 시기가 달랐다. 감자는 3월 말, 늦어도 4월 초까지 싹을 심어 여름 장마 시작하기 전인 6월에 수확한다. 나와 친구는 종묘사에서 씨감자 한 박스를 사서 반씩 나누었다. 감자 심는 법은 따로 누구에게 묻지 않아도 나는 알 수 있다.

작곡가 백창우가 이원수 시로 만든 동요 중에 〈씨감자〉가 있다. 아이들이 어릴 때 내 자동차에 올라타면 이 동요가 흘러나오게 했다. 아이들에게 맑고 깨끗한 가사의 동요를 들려주고 싶고, 노래를 따라 부르다 보면 저절로 동시를 외우게 될 것이라는 내 작전도 한몫했다. 동요 테이프가 늘어질 만큼 많이 들었다. 돌이켜 생각해 보면, 내가 좋아 내가 즐겼던 시간이다. 덕분에 시골에 내려와 처음 감자를 심을 때 내게서 자연스레 〈씨감자〉 노래가 흘러나왔다.

겨우내 수분이 날아가 쭈글쭈글해진 씨감자 몸에서는 삐죽삐죽 싹이 올라오는 중이다. 싹 나온 자리를 다치지 않게 하여 칼로 씨감자를 4~5개로 자른다. 토막토막 잘라 낸 감자의 속살은 여전히 희고 여리다. 시인은 칼로 잘라 낸 감자의 아픔을 떠올리며 감자 몸 위에 흙을 덮어 준다고 했다. 농부들은 칼에 잘려 나간 여린 맨살의 감자 씨를 땅에 심기 전 재에 굴린다. 도시에서 주말농장에 감자를 심는 이들은 재를 구하기 어렵지만, 마침 우리 집은 아궁이에 장작을 때고 나오는 재가 있다. 나는 맨살의 감자 씨를 재에 굴리는 일에 공을 들인다. 시 속에서 밭 주인은 하루 종일 감자를 심었나 보다. 일을 마치고 나니 아직 추운 3월 하루가 그만 저물어 버렸다. 종일토록 감자를 심느라 고단한 밭 주인과 아픈 몸으로 땅에 묻힌 감자를 달빛이 고르게 위로한다.

    도시 변두리 좁은 셋방에 모여 살며 초등학교에 다니던 나와 동생은 방학이 되면 강원도 할머니네로 갔다. 할머니 집에는 감자, 옥수수, 쌀 같은 먹을 것이 풍족했다. 몸이 작고 얼굴에 주름이 많은 할머니는 표정이 없었다. 언제나 비탈진 감자밭에서 종일토록 일했다. 어린 내 눈에는 몸집이 작은 할머니가 곧 밭에서 굴러떨어질 것 같아 불안했다. 막상 그곳에 올라가 보면 아래에서 보는 것만큼 가파르지 않았으나 멀리서 보면 여전히 할머니가 걱정되었다.
    밭일을 마치고 내려온 할머니는 부엌에 들어가 바가지로 냉수를 들이켠 뒤 때 묻은 머릿수건을 풀어 몸을 탁탁 때렸다. 할머니는 서울서 기차 타고 온 손주들을 보고 "왔나?" 짧게 한마디 할 뿐 더 말이 없었다. 이원수의 시에서 경사진 감자밭에서 일만 하다 돌아가신 내 할머니가 보인다.

    감자를 심고 두 달쯤 지난 5월 어느 날, 밭에서부터 뛰어온 남편이 자랑스러운 얼굴로 나를 찾았다. "감자 심은 밭에 갔더니 비닐 속에서 감자 싹이 삐죽삐죽 올라오는 거야. 내가 감자 싹 올라오는 자리만 비닐 뚫어 줬어. 잘했지? 당신, 가서 봐."

봄에 친구랑 씨감자를 사서 심을 때만 해도 남편은 우리 두 식구 얼마나 먹겠다고 감자를 심냐며 감자 심는 걸 반대했다. 그랬던 남편 눈에 밭고랑에서 올라오는 감자 싹이 보였다니 참으로 기특한 일이다. 게다가 감자 싹이 잘 올라오도록 손가락으로 비닐에 구멍을 뚫어 주었다니 다시 한번 신기한 일이다. '드디어 남편 눈에 시골 일이 들어오기 시작했구나. 가만히 기다리면 알아서 일할 때가 오는 걸 괜히 그동안 잔소리를 달고 살았어.' 이런 생각을 하며 감자밭으로 달려갔다.

감자 고랑에 덮어 놓은 비닐 안쪽에는 흙에서 뿜어낸 더운 기운이 물방울이 되어 조롱조롱 맺혀 있었다. 남편이 뚫어 놓았다는 구멍을 가까이 들여다보니 초록으로 올라오는 것들은 감자가 아니라 명아주와 환삼덩굴 싹이었다. 어머나! 남편은 명아주와 환삼덩굴 난 자리만 골라 비닐을 넓게 벌려 놓았다. "여보, 이거 감자 싹이 아니야. 세상에나, 어쩜 잡초 올라오는 데만 찾아 구멍을 뚫어 주었네." 했더니 남편은 "그래? 난 또 감자 싹인 줄 알았지."라며 좀 겸연쩍어했다. 모처럼 감자 싹인 줄 알고 숨구멍을 터 주었는데 그게 감자가 아니고 잡초 싹이라니.

가만 생각해 보니 남편은 명아주 싹, 감자 싹을 따로 본 적이 없으니 구분하지 못하는 게 당연했다. 땅에 여러 채소의 씨를 뿌리고 가꾸어 먹는 건 나만 좋아하는 일이다. 남편은 쪼그려 앉아 풀 뽑기도 싫고 뾰족뾰족 올라오는 초록 먹거리들이 전혀 신기하지 않다고 했다. 그렇다. 다름은 이렇게 시골살이에도 있는 것이다.

시골에 산다는 것, 정원을 가진다는 것은 끝나지 않는 노동의 연속을 뜻한다. 노동으로 몸이 고단하니 나는 밤에 일찍 잔다. 아침이 되면 밭에 심은 초록이와 꽃들이 보고 싶어 부지런히 움직인다. 노동하다 힘들면 책 보고, 책 보다 졸리면 밖에 나가 다시 호미질한다.

내가 원하는 삶이다. 단순해지는 삶, 본질에 조금 가까운 삶을 사는 것 같아 나는 어쩐지 뿌듯하다. 감자 싹 오해 사건처럼 웃을 일이 하나둘씩 늘어 가는 게 시골살이다.

쓰러져야 자라는 양파

시월은 추수의 계절이다. 누렇게 익어 고개 숙인 벼들을 콤바인 기계 차가 몇 번 왔다 갔다 하며 추수를 끝낸다. 논에 사람이라고는 보이지 않고 오직 콤바인 차만 움직인다. 가을비가 많이 온 바람에 논바닥에 쓰러진 벼가 흔하게 보인다. 어떤 논 주인은 쓰러진 벼를 일일이 세워 묶어 놓아 콤바인 기계가 추수할 수 있게 하고, 어떤 주인은 그대로 내버려둔다. 쌀값이 몇 년째 오르지 않으니 굳이 애써서 알뜰히 벼를 거두려 하지 않는다.

시월 추수의 계절에 배동림 할머니께서 밭에 쪼그리고 앉아 뭔가를 심는다. 가까이 다가가 물어보니 양파 모종이라 했다. 나는 냅다 차를 몰아 당진 시장 모종 가게로 갔다. 가게 앞은 온통 양파 모종판이 널려 있다. 양파라고 하나 마치 어린 파를 심어 놓은 듯했다. 주인은 서너 개씩 붙은 양파 모종을 꼭 하나씩 떼어 심으라고 당부했다. 또 모종판에서 여린 양파 모종을 하나 빼내더니 손가락에 대고 요렇게 손가락 두 마디가 땅에 들어가게 심으라고 시범까지 보여준다. 그렇게 심어야 겨울에 얼지 않고 알이 단단하게 자리 잡는다고 일러 준다.

배동림 할머니처럼 양파를 심기 전에 땅을 일구고 거름을 뿌린 뒤 양파를 심어야 하는데 나는 그런 준비 없이 양파를 심었다. 모종 가게 주인이 일러 준 대로 머리카락같이 가느다란 양파 모종을 하나씩 나누어 심었다. 나중에 서리가 내릴 즈음에는 겨울에 얼지 말라고 투명 비닐을 두 겹 덮어 주었다. 이게 과연 겨울을 이기고 양파가 될까 확신은 서지 않았으나 어쨌건 남들 흉내를 내어 첫 양파 모종을 심었다.

이듬해 봄, 양파 덮은 비닐을 살짝 들추어 보니 작년에 가늘기만 했던 줄기가 든든하게 커져 삐죽삐죽 올라오고 있었다. 비닐 때문에 더 키가 클 수 없다며 고개를 꺾고 있는 것도 있었다. "씨 뿌려 놓으니 스스로 알아서 올라오는 거 보면 자식 키우는 것처럼 재미있어. 재밌고말고." 우리 부부가 '농사의 신'이라 부르는 배동림 할머니도 바로 이런 장면을 보고 하는 말씀일 것이다.

물방울이 조롱조롱 맺힌 비닐 덮개를 걷어 냈다. 양파들은 따뜻한 봄날의 기운을 받고 시원한 바람까지 맞으며 하얀 궁둥이를 살짝살짝 땅 위로 드러냈다. 그걸 본 남편이 깜짝 놀라며 "허, 진짜 양파네. 당신은 어떻게 양파를 다 키우나?" 한다. 이 칭찬은 진심이다. 칭찬 들은 김에 너무 얕게 심어져 땅 위로 달랑 올라와 있는 작은 양파를 뽑아 남편 막걸리 먹는 상 위에 올려놓았다. 손으로 쪼개어 양파를 먹어 본 남편은 햇양파 먹는 맛이 아주 특별하다며 내년엔 양파를 좀 더 심자고 한다. 내가 하는 일을 옆에서 지켜본 남편이 이제야 한발 내딛는다.

강원도에서 태어난 나는 어른들이 감자, 옥수수 심고 거두는 것을 늘 보았지만, 양파를 본 기억은 없다. 시집오기 전까지 친정엄마는 양파를 재료로 음식을 만들지 않았다. 짜장면집에서 단무지 접시에 단짝처럼 나오는 양파를 본 것이 나의 첫 기억이다. 결혼하고 살림하면서부터 양파를 먹기 시작했나 보다. 우리 집 냉장고 채소 칸에는 양파가 꼭 있었으니까. 가끔 채소 칸에서 물컹 썩은 양파를 아까워하며 버리고 나면, 곧 붉은 망에 5~6개 든 양파를 사곤 했다. 양파는 늘 있어야 하는 기본 채소였다.

양파를 먹기 시작한 지 30년이 지나서야 나는 양파의 본 모습을 알게 되었다. 양파는 땅속에서 추위를 이겨내고 봄에 제대로 몸을 키운다. 적당한 날을 잡아 통통하게 살찐 양파를 캐기만 하면 된다. 가끔 서점에 오는 손님 중에 내가 가꾸는 작물을 보고 이것저것 물어 오는데, 대부분 양파를 보고 대파를 심었냐고 한다.

그러던 어느 날, 위로 쭉쭉 자라던 양파의 초록 대가 무슨 병이 났는지 하나같이 픽픽 쓰러지고 고꾸라졌다. 마치 전쟁터에서 몰살 당해 쓰러진 군인들같이 처참한 모습이었다. 내가 뭘 잘못한 걸까, 가슴이 철렁 내려앉았다. 나는 농사의 신, 배동림 할머니께 냅다 달려갔다. 내가 헐레벌떡 뛰어가 급하게 물어본 것치고는 대답이 너무 싱거웠다. "내비둬. 그건 쓰러져야 더 잘 자라. 인지 그것이 밑동이 더 커지고 불긋불긋해질껴. 냅둬."

걍, 냅두란다. 아, 엄청난 반전이다. 살아 있다는 것은 위로 쭉쭉 자라 꽃 피고 열매 맺는 것이라 믿고 살았는데, 양파는 누워 쓰러져야 더 알이 굵어지고 붉은색 껍질도 생긴단다. '쓰러져야 자란다.' 양파가 준 깨달음이다. 양파에 대해 다 알았다고 생각했는데 진정한 양파의 앎은 맨 마지막 쓰러지는 대목에 있었다. 이웃집 할머니 도움말 덕분에 쓰러진 양파를 느긋하게 지켜볼 수 있었고, 밑동이 불그스름해지는 것을 확인하고 캐냈다.

쓰러지는 양파를 보고 놀란 일은 두고두고 특별하게 기억되었다. 앞으로는 양파가 픽픽 쓰러져도 놀라지 않을 것이다. "수고했네, 양파들! 이제부터 누워 쉬며 살을 찌우게나." 이렇게 응원을 보낼 것이다.

동화로 쓴 꽃밭 이야기

당진에 내려와 세 번째 봄을 맞는다. 무언가 심어 키울 수 있는 땅이 있어서인지 이곳에서는 유난히 봄이 기다려진다. 봄에 꽃밭에 심을 꽃들을 생각하다가 꽃이 나오는 동화를 하나 쓰고 싶었다. 컴퓨터 앞에 앉아 등장인물을 만들고 글을 써 내려갔다. 생각보다 인물들의 대화가 어려웠다. 어린아이가 말하듯이 단순하게 쓰고 싶은데 자꾸 말이 길어졌다.

주인공을 토끼로 했다가 너구리, 곰으로 바꾸었다가 다시 토끼로 돌아왔다. 너무 오래 생각하다가는 이미 떠오른 줄거리마저 날아갈 것 같아 우선 머릿속 이야기들을 빠르게 글로 옮겼다.

시골로 귀촌한 주인공 토끼가 꽃밭 만드는 이야기다. 주인공 토끼는 봄이 오자 그동안 모은 꽃씨를 들고 나와 마루에 앉았다. 토끼는 키 큰 해바라기 씨앗부터 중간 크기 솔채

꽃, 족두리꽃, 백일홍 그리고 화단 맨 앞에 심을 키 작은 채송화 꽃씨까지 꼼꼼하게 모아 두었다. 토끼가 마루에 앉아 씨앗이 든 봉투를 갈무리하고 있을 때 이웃 동물들이 토끼네 집을 지나며 한마디씩 했다.

"이봐, 토끼 씨, 감자는 당연히 심는 거지?"
"옥수수는 거꾸로 심어도 잘 자란다니까."
"농사 중에 콩처럼 쉬운 농사가 있을까?"
"맛있는 고구마 먹을 생각을 하면 안 심을 수 없을걸?"

잘 보관해 놓은 종자라며 땅콩 씨앗을 가져다주는 동물도 있다. 우리의 주인공 토끼는 친절한 이웃들이 가져다주는 씨앗과 종자를 받아 들고 감사 인사를 했지만 한편으로는 난감했다. 그러다 이것저것 곡식들을 키워 보고 싶은 마음이 생겼다. 토끼는 이웃들이 알려준 대로 감자, 옥수수, 콩, 호박을 차례대로 심었다.

씨앗을 심고 나니 정작 토끼가 좋아하는 꽃씨 심을 땅이 없었다. 동화의 위기 대목이다. 토끼는 괜히 이웃들의 말을 들었다며 후회를 한다. 그러다가 토끼에게 번쩍! 아이디어가 떠올랐다. 밭 주위에 꽃씨를 뿌려 꽃 울타리를 만드는 것으로 끝을 내야겠다. 친절한 이웃들이 준 씨앗은 그것대로 심고, 토끼가 좋아하는 꽃도 심어 가꾸는 이야기가 재밌지 않은가? 이미 눈치챘겠지만, 귀촌 토끼 이야기에는 나의 시골 살이 경험이 고스란히 녹아 있다.

처음 시골 내려와 사람들에게 무얼 심을까 물어보면 "땅이 있으면, 참외는 꼭 심어야 해요."라고 말하는 사람에서부터 호박, 오이 등등 꼭 심으라는 작물이 달랐다. 심지어 도시 사는 친구는 자기가 좋아하는 고구마를 반드시 심어 달라고 부탁했다. 그런 말을 듣는 순간 그 모두를 심어 거두고 나눔 하는 상상으로 몸이 들떴다.

씨앗을 땅에 뿌리는 일은 쉽다. 문제는 심고 나서 물 주고 풀 뽑고 벌레 잡는 일이 훨씬 많다는 것이다. 오이나 토마토 같은 넝쿨식물은 지지대를 세워 주고 끈을 매주어야 한다. 마치 아이를 낳아 사랑으로 돌보듯 식물도 아침마다 들여다보며 "예쁘다. 잘 자라라." 하며 관심을 주어야 한다. "주인의 발소리를 듣고 작물이 자란다." 이 말은 비껴갈 수 없는 엄중하고도 아름다운 말이다. 식물 사랑은 곧 부지런히 들여다보고 가꾸는 일이다.

내가 쓴 동화를 누구에게 보여줄까 고민하다가 대전 〈넉점 반〉 책방 영미 씨에게 읽어 보라고 했다. 내가 동화를 썼다는 사실에 놀란 친구는 바로 읽고 답을 보내왔다. "애썼네. 솔직히 말해도 돼? 나한테 꽃밭 얘기는 『오소리네 집 꽃밭』뿐이야. 아름다운 꽃과 바람이 있고, 멀리 갔다 다시 제자리로 돌아오는 이야기. 꽃밭 이야기를 쓰려면 그 정도 성찰이 담겨야 하지 않을까?", "피, 누가 모르나."

 동화를 한번 써 보고 나니 동화 작가, 그림책 작가들이 다시 보였다. 우리 서점에 오는 손님 중에는 나를 당연히 그림책 작가라고 짐작하는 분들이 있다. 그때마다 나는 그림책은 아무나 쓰는 게 아니라고, 젤 어려운 게 그림책 쓰는 거라고 말한다. 친구들 모임 자리에서 내가 시골 사는 얘기, 꽃 가꾸는 얘기를 재미나게 들려주면 친구들은 또 그걸 그대로 그림책으로 만들면 좋겠다 한다. 나라고 멋진 그림책 만들고 싶지 않겠는가?

 오월이다. 나는 날마다 호미를 들고 꽃밭으로 나간다. 동화 쓰기보다 그림책 쓰기보다 꽃밭 가꾸기가 훨씬 쉽고 재미있다.

오래 사귈 나무 친구

　당진 산림청 뒤뜰에서는 해마다 3월 한 달 동안 나무 시장이 열린다. 감나무, 매실나무, 벚나무, 복숭아 묘목부터 비싼 소나무까지 다양한 나무가 있다. 점점 기온이 올라가는 지구온난화로 인해 4월 5일 식목일은 사실상 의미를 잃어버렸다. 3월이면 겨우내 숨 참고 있던 나무에 새순이 움트고, 뿌리는 땅으로 땅으로 뻗어 가기 시작한다. 나무를 사다 심기 참 좋은 때다.

　추운 겨울 동안 나무 생각만 하다가 나무 시장이 열리면, 사람들은 마치 달리기 경주에서 시작 신호를 기다린 선수들처럼 나무 시장으로 몰려든다. 나무는 생각만 해도 좋은데, 나무 시장에서 모르는 사람끼리 나무 자라는 얘기를 주고받다가 맘에 드는 나무를 골라 오는 일은 더 좋다.

　묘목들을 구경하다 보면 정작 내가 사려고 작정한 나무

는 희미해지고, 눈앞에 보이는 유실수들을 좇아 맘이 계속 바뀐다. 올해는 살구나무, 감나무, 자두나무를 각각 한 그루씩 사고, 꽃눈이 빨갛게 올라오기 시작하는 함박꽃 두 개를 샀다. 노란 회화나무 두 그루, 덩굴장미 세 그루까지 합하니 모두 26만 원어치를 샀다. 나무 파는 분들은 한결같이 나무는 심으면 금방 자라니까 작은 나무를 가져가라고 한다. 어린 나무를 심어 놓고 한 해 한 해 키 크고 꽃 피는 거 구경하는 재미가 쏠쏠하다고 했다. 맞다. 오늘 산 나무들은 우리 마당에서 20년, 30년 나와 함께 살아갈 것이다. 오래 사귈 친구를 집으로 데려가는 마음이다.

서점 시작할 때 새로 들여온 그림책이 1,000권 조금 넘었다. 새 그림책들의 서지 정보를 포스 기계에 입력하는 게 나름 큰일이었다. 그림책 한 권, 한 권의 제목과 가격을 컴퓨터에 입력하고, 그림책 뒤표지에 있는 바코드에 망치같이 생긴 핸드스캐너의 빛을 쪼이면 '띡' 하고 기계음을 낸다.

3년 전 포스 설치를 위해 정보통신사 대표가 서점에 왔다. 대표는 서점 안을 둘러보며 이것저것 물었다. "여기 뭐 하는 데예요?", "이 시골에 누가 책을 사러 와요?" 만일 2년 안에 계약을 취소할 경우, 그러니까 폐업을 할 경우엔 포스 위약금이 있다는 말을 몇 번이나 했다. 계속 이어지는 통신사 대표의 복잡한 위약금 설명이 어렵기도 하고, 조금 무례

하다는 생각이 들어 듣는 둥 마는 둥 했다.

그로부터 2년을 넘어 3년째이니 그가 걱정하던 해약, 위약금 같은 상황은 일어나지 않은 셈이다. 2019년 가을에 서점 문을 열고 바로 이듬해 2월 코로나가 닥쳤다. 당연히 서점에 손님이 안 올 것이라 각오했다. 그런데 코로나가 끝날 때쯤 비교해 보니 서점 매출은 코로나 때나 코로나 아닐 때나 큰 차이가 없었다. 이걸 어떻게 해석하고, 받아들여야 할지 여전히 모르겠다.

서점 문을 꾸준히 열고 일을 하니 적은 돈이지만 수입이 생겼다. 우리는 서울살이와 비교할 수 없이 생활비를 적게 쓴다. 우리 집에서 하루 머물다 가는 친구는 서점에 이렇게 손님이 없고 수입이 없는데 어떻게 살아가느냐고 큰 걱정을 한다. 그래도 이 시골에서 책 팔아 번 돈으로 자동차에 기름을 넣고, 마트에서 장을 보기도 한다. 어쩌다 단체 손님이 다녀간 날에는 부부가 외식을 하며 기분도 낸다. 이런 예측불허 시골 서점의 삶이 나도 가끔 신기하다.

코로나 발생 시기와 엇비슷하게 서점을 시작해 어려운 기간을 무사히 지나온 나 자신에게 선물을 하고 싶었다. 코로나 때 받은 소상공인 특별 융자금 2천만 원 중에서 700만 원을 떼어 정자를 짓기로 했다. 이번에도 이웃 목수 아저씨에게 부탁했다. 나는 SNS를 부지런히 검색하며 신발을 벗지 않고도 앉을 수 있는 벤치를 겸한 정자 도면을 그렸다. 목수 아저씨는 나흘 동안 매달려 내가 그린 도면과 똑같은 정자를 만들었다. 정자에 요가 매트를 놓고 스트레칭을 하고, 고양이랑 나란히 앉아 먼 산을 보며 멍 때리기도 할 수 있겠다. 서점 체험을 하러 오는 아이들은 이곳에서 올망졸망 둘러앉아 간식을 먹을 것이다.

정자에 앉아 주위를 둘러보면 아직은 작고 가늘지만 내가 심었기에 유난히 정이 가는 사랑스런 나무들이 마당을 둘러싸고 있다. 이건 산수유, 저건 단풍나무, 매실, 살구…. 오래 함께할 나무 친구들 이름을 차례로 불러 본다.

며칠 전 마을 목사님이 배나무 묘목이 자라 감당하기 어렵다며 어린이들 오는 서점에 주고 싶다고 했다. "오, 무조건 감사합니다. 제가 가져오겠습니다."라고 얼른 답했다. 바로 트럭 가진 이웃 아저씨의 도움으로 배나무를 열 그루나 가져와 남편과 목수 아저씨가 서점 주위에 심었다. 잘 자리 잡은 배나무에서 필 하얀 배꽃은 상상만으로도 황홀하다.

앞산에서 데려온 생강나무는 몸이 구부러진 채로 멋지게 자라는 중이다. 이른 봄에 젤 먼저 생강나무꽃이 피면 정자에 다기를 가져와 사람들과 생강꽃차를 마셔야겠다. 차는 함께 마셔야 더 깊은 맛이 나니까.

서점 오픈 설명서

 서점 하고 싶다는 사람들이 찾아왔다. 그들은 한결같이 책을 좋아하고 책이 많은 사람들이다. 지금 하는 일이나 다니던 회사를 그만두면 꼭 서점을 차리고 싶다고 했다. 공무원, 학교 선생님, 어린이집 원장님…. 모두 책에 둘러싸여 살고 싶은 사람들이다.

 나 역시 〈그림책꽃밭〉을 준비하는 동안 서점 관련 책을 읽고 지역 서점을 찾아가 주인장을 만났다. 한겨레신문에 난 괴산 〈숲속 작은 책방〉의 전면 기사를 내 책상 앞에 붙여 놓고 날마다 바라보았다. 서점을 돌고 주인들을 만나 이야기 나누면서 용기의 말, 긍정의 말을 듣고 싶었으나 내게 돌아오는 대답은 한결같이 "서점 하지 마세요."였다. 나처럼 서점을 하리라 마음을 먹고 이미 준비 중인 사람은 혹시 서점 주인에게 운영이 만만치 않을 것이란 소릴 들어도 어쩔 수 없이 가던 길을 계속 가야 한다.

　서점을 하고 싶어 하는 이의 마음을 누구보다 잘 아는 나는 손님에게 가능하면 꼭 뜻을 이루라고 말한다. 그런데 이야기를 나누다 보면 '이분은 서점 하기 힘들겠구나.' 생각이 드는 사람이 종종 있다. 30년 넘게 안정된 수입으로 살아온 사람들은 혹시 사업을 시작하여 얼마를 잃을 수도 있다는 가정 자체를 하지 않았다. "큰돈 벌 생각은 없어요. 손해만 보지 않으면 돼요."라는 말은 사업을 시작하는 사람으로 솔직하지 않고 너무 소극적인 태도다. 손해 보지 않고 적은 용돈을 벌면서 자신의 로망을 이룰 수 있는 직종을 서점이라고 생각하는가 보다.

　나는 경험에서 알게 된 몇 가지를 찾아온 이들과 기꺼이 나눈다. 사람이 많이 오길 원하면 나처럼 시골이 아닌 관광지나 도심에 서점을 차려야 한다. 그때는 월세를 각오해야 한다. 나는 집이 곧 서점이라 따로 월세를 내지 않아 좋고, 출퇴근하는 데 시간이 안 걸려 좋다. 또 하나 서점 공간은 예뻐야 한다. 서점 주인은 남다른 심미안을 가지고 있으면 좋다. 서점에 온 손님이 책을 안 읽더라도 잠시 그곳에 머물고 싶을 만큼 공간이 주는 매력이 있어야 한다.

　서점 손님 중에는 자기만의 시간을 가지고 조용히 책 보기를 원하는 사람이 있는가 하면, 주인과 책에 대해 다양한 이야기를 나누길 기대하고 오는 이도 있다. 후자가 조금 더 많다. 자기보다 먼저 그림책을 읽은 주인이 겸손한 목소리로 손님을 응원해 주다가 결정적으로 이야기 흐름에 맞는 그림책을 꺼내 보여주기를 원한다. 이 과정이 자연스럽게 이루어지면 손님과 서점 주인은 완전히 한편이 된다.

가끔 전국 서점 지도를 들고 서점 기행을 다니는 손님이 우리나라 곳곳에 있는 아름답고 특별한 서점 소식을 전해 줄 때가 있다. 서점은 계속 생겨나고 사라지고 있다. 그런데 코로나 시기가 지나니 서점 하고 싶다며 찾아오는 손님 수가 줄었다. 문화 예술, 책을 대하는 사람들의 태도가 점점 무감각해지고 있는 걸까? 종이책을 읽는 사람, 책을 사기 위해 일부러 서점을 찾는 사람 수가 점점 내리막길이다. 지금 우리가 종이책을 읽는 마지막 세대라는 허망한 말이 오간다.

하지만 한쪽이 막히면 다른 쪽이 열린다고 했다. 서점은 책과 관계있는 다양한 일이 벌어지는 곳이다. 가끔 어린이집이나 초등학교 선생님들로부터 주제에 맞는 좋은 책을 골라 달라는 부탁을 받는다. 그건 내가 참 잘할 수 있는 일 중 하나다. 서점에 오는 단체 손님들이 서점 주인에게 그림책 강의를 부탁하기도 한다. 지역 공공도서관, 학교도서관에서 인증받은 지역 서점에 도서 납품을 맡긴다. 이 또한 서점 주인에게는 고마운 수입원이 된다. 더 이상 서점 판타지는 없지만 내가 좋아서 하는 일이라는 점은 처음 이 일을 시작할 때와 여전히 다르지 않다.

남편이 만든 나무 간판

우리 서점 한가운데 마흔 살 먹은 키 큰 은행나무가 있다. 나무는 마흔 살에서 더 나이 들지 않고 멈추어 있다. 우리 집을 짓던 초기에 이웃 어르신이 논에 그늘을 만드는 은행나무가 성가시다며 목수 아저씨에게 베 달라 부탁했단다. 목수 아저씨는 아무리 봐도 베어 낸 은행나무가 아까워 장비를 동원하여 우리 마당까지 끌어다 놓았다. 마당에 누워 있는 동안 은행나무는 여기저기 껍질이 떨어져 나가더니 매끈한 속살을 드러냈다.

남편 후배가 우리 집에 놀러 온 날, 은행나무를 서점 안으로 들여오기로 했다. 서점 지붕 높이 5미터에 맞춰 자른 키 큰 은행나무를 세 남자가 힘과 과학과 궁리를 모아 서점 문을 통과시켜 서점 바닥에 똑바로 세우는 데 성공했다. 나무 아랫부분은 쇠막대를 용접하여 바닥에 단단하게 고정했다.

점심 먹고 시작한 일이 저녁때가 되어 끝이 났다. 죽은 나무를 다시 살린 것처럼 모두들 벅찬 얼굴로 우뚝 선 은행나무를 올려다보았다.

선배 집에 놀러 왔다 무거운 나무를 끌어들이고 세우느라 힘을 쓴 남편 후배가 너무 고마웠다. 그 고마움을 기억하고 싶어 그날 찍은 사진을 액자에 담아 은행나무 기둥에 걸어놓았다. 나무는 더 이상 나이테가 늘지 않고 키도 자라지 않지만, 〈그림책꽃밭〉의 그림책과 사람들에 둘러싸여 새로운 시간을 쌓아 가고 있다.

시골 마을을 다니다 보면 멋진 자연물이 흔하게 널려 있다. 나뭇가지들을 주워 꽃밭 울타리를 만들고, 마른 대나무 가지는 훌륭한 식물 지지대로 썼다. 앙상한 겨울나무 가지 사이에는 참새나 박새처럼 작은 새들이 알을 낳아 키우고 떠난 새집이 있다. 빈 새집이나 벌집을 조심스럽게 가져와 서점 은행나무에 걸어 놓았다. 남편은 곧 부서질 것같이 심란해 보이는 새집을 왜 가져가냐 묻는다. 서점에 오는 아이들에게 보여주고 싶어서다. 또 가능하면 우리 서점에는 플라스틱으로 만든 가짜 물건보다는 돌, 나무, 꽃 같은 자연물을 가까이 두면 좋겠다. 그게 시골 서점다운 모습이 아닌가.

회사를 다니는 동안 남편은 출퇴근을 반복하며 일하고 돈 벌어 오는 사람으로 살았다. 남편은 평소 큰돈을 쉽게 쓰는 성격도 아닌 데다가 퇴직 후 변변한 수입이 없으니 시내에 있는 다이소에 들러 소소한 물건을 사는 것으로 마음을 풀었다. 남편의 그런 소비 방식이 영 맘에 들지 않았으나 그의 소박한 즐거움까지 간섭할 수는 없었다. 게다가 가끔 남편이 사 온 물건들 덕분에 집 안에 깜찍한 변화가 있기도 했다. 남편이 자동차 키를 들고 현관문 앞에 서서 "당신 뭐 필요한 거 없어? 나 다이소 가는데." 하는 날이면 나는 남편 말이 끝나기도 전에 "없어, 없어!" 하며 한마디 당부한다. "다이소 물건 사는 건 당신 맘대로인데 서점에, 집 안에 붙이고 걸기 전에 나한테 허락 받기다!"

얼마 전부터 서점 앞에 세워 놓을 간판이 필요하다 생각했다. 손님이 많이 오지 않는 시골 서점이지만 주인이 외출하고 없을 때 손님이 와서 곤란한 경우가 종종 생겼다. 또 멀리서 온 손님을 위해 주인장 없이 무인 판매를 할 때도 있다. "서점 안에 들어가 편히 책 보고 한 권씩 사 가세요. 책값은 계좌로 입금해 주세요."라고 써 놓고 싶었다. 마침 앞집에서 자투리 나무 송판을 얻은 날에 남편에게 나무 간판을 만들어 달라고 주문했다. 서점에 쓸 물건을 만들 때 내가 강조하는 예쁠 것, 새로 사지 말 것, 플라스틱이 아닐 것, 이 세 가지를 담아서 부탁했다.

남편은 까다로운 내 요구를 마다하지 않고 전기톱으로

송판을 잘라 똑같이 두 개로 만들더니 집에 있는 보라색 페인트를 칠했다. 칠이 마른 뒤 경첩으로 두 송판을 연결하니 송판이 자유롭게 포개졌다 벌어졌다 했다. 오전 내내 남편이 톱으로 자르고 칠한 송판 두 개가 서로 지지하며 땅에 서 있는 걸 보니 놀라웠다. 바로 내가 바라던 간판이었다.

세워져 있는 보라색 간판 주위를 한바퀴 돌다 손잡이가 없는 것이 아쉬웠다. "손잡이가 있으면 이리저리 옮기기 좋겠네." 남편이 어쩐 일인지 순하게 "다시 하지, 뭐." 대답한다. 창고에서 문손잡이 하나를 가져와 두 경첩 사이에 대 본다. 손잡이를 붙이려면 이미 견고하게 붙인 경첩을 다시 떼어내 옆으로 옮겨야 했다. 남편은 그 정도는 일도 아니라는 얼굴로 드릴을 써서 못을 빼고 가운데에 손잡이를 달았다. 플라스틱이 아닌 나무 간판, 남편 손으로 만든 나무 간판이 내 마음에 쏙 들었다.

남편이 만든 나무 간판이다.
나무를 자르고
경첩으로 연결하니 땅에 섰다.
보라색 페인트를 칠해 놓으니
세상에 하나 밖에 없는
예쁜 간판이다.

하부지가 만든 상투 쿠키

어린이집 3, 4세 유아들이 서점 체험을 왔다. 말이 3, 4세지 이제 막 돌이 지나 걸음마를 시작한 어린 아기도 있다. 어린 아기들은 두 다리를 쭉 뻗은 채 바닥에 겨우 중심을 잡고 앉아 있다. 아기들은 옥수수를 '옥두두', 토끼를 '토찌'라고 발음한다. 서점에 오는 많은 어린이가 2층에 올라가기를 원하지만, 이 아기들은 처음부터 그림책에는 관심도 없이 2층 계단 쪽에만 눈길을 준다.

원장님은 서점에 들어오자마자 2층으로 올라가는 계단을 살피더니 아기들에게 양말을 벗게 했다. 아기들은 한두 번 해본 일이 아니라는 듯 척척 양말을 벗어 자기 외투 주머니에 넣으려 애를 쓴다. 선생님들은 뭐 하나라도 해보려 끙끙, 느리게 애쓰는 아기들을 일부러 나서서 돕지 않고 눈으로 지켜본다.

계단을 오르내리는 아기들에게서 눈을 떼지 않고 바라보기만 할 뿐 가능하면 아기 스스로 행동할 수 있게 했다. 아기들은 살금살금 계단을 올랐다 내려오기를 몇 번 하더니 본능적으로 몸을 뒤로 돌려 계단에 납작 엎드린 다음 다리를 흔들더니 맨발의 감각으로 계단에 발을 내디뎠다. 원장님이 아기들에게 양말을 벗게 한 이유가 바로 이거였다. 어린이집 선생님들은 아기들이 반복하여 묻는 말에 한결같이 대답할 뿐더러 예쁘다, 잘했다, 또 해보라고 격려했다.

원장님은 원장님대로 어린이들을 위해 온몸으로 수고하는 동료 선생님들이 고맙고 귀하다. 원장님은 선생님들에게도 맘에 드는 그림책을 고르게 하여 그 자리에서 그림책을 선물한다. 서점 계산대 쪽에 서서 이 풍경을 보던 남편은 선생님들이 모두 몇 분인지 눈으로 세더니 커피를 탔다. 선생님들한테 커피를 대접하더니 아무래도 안 되겠는지 아이들이 오르내리고 있는 계단 가운데로 가 앉는다.

남편이 너른 계단참에 앉아 밝게 웃고 있으니 아기 한 명이 "하부지, 하부지!" 부르며 쿠션을 가져와 무릎에 올려놓고 다시 그림책을 가져와 아무 이유 없이 하부지 옆에 한 권 또 한 권 쌓아 놓는다. 하부지 무릎 위에 올라가 얼굴을 비비는 아기도 있다. 아기들이 돌아갈 때 하부지는 한 명 한 명의 신발을 신겨 주었다.

며칠 뒤 또 다른 어린이집 아이들이 서점에 왔다. 남편은 달력에 표시된 체험 일정을 미리 보았나 보다. 어린이들과 내가 그림책을 다 읽을 때쯤 남편이 흰 팥앙금에 우유와 버터를 섞어 만든 상투 쿠키를 쟁반에 소복하게 담아 서점으로 가져왔다. 이제 막 구워 따뜻한 온기가 남은 할아버지표 수제 상투 쿠키다.

    당진 내려오기 전 남편은 퇴직 1년을 남겨두고 제과 제빵을 배웠다. 회사가 퇴직자에게 주는 몇 가지 혜택 중 하나였다. 남편이 제과 제빵을 배우는 6개월 동안 나는 미래에 있을 빵 냄새 나는 서점 풍경을 상상했다. 남편이 빵을 배우는 동안 나는 밀가루 반죽기와 빵 전용 오븐과 다양한 모양의 빵틀을 사 모았다. 그러나 시골에 내려와 집을 짓고 서점 영업을 시작하고 나서도 남편은 빵을 배운 일이 없는 사람처럼 한번도 빵을 만들지 않았다. 더 이상 남편에게 빵 만들라는 주문을 하지 않은 채 시간이 많이 지났다.

    지난번에 "하부지, 하부지!" 부르며 3, 4세 아기들이 남기고 간 따뜻함이 남편 마음을 움직인 걸까? 아기들에게 뭐라도 해주고 싶은 할아버지 마음이 되어 과자를 구웠나 보다. 어린이들이 오는 그날 아침 일

찍, 남편은 먼지 쌓인 오븐을 한참 바라보더니 그 위에 놓인 모자, 마스크, 빈 그릇, 단호박을 차례로 치우고 전기 코드를 꽂았다. 오븐에 노란 조명이 들어오고 온기가 돌았다. 제과 제빵을 배웠다지만 시간이 너무 많이 지났다. 며칠 전 남편은 그동안 안 쓰고 깊이 넣어 둔 제빵 기구를 만져 보고, 미리 주문한 과자 재료들을 살펴보며 '이게 맞나?' 하고 고개를 갸우뚱거렸다. 몇 군데 전화를 돌리더니 발효 과정이 필요 없는 흰 팥앙금 상투 쿠키를 만들기로 했나 보다.

백희나의 그림책 『구름빵』에는 고양이 남매가 구름으로 만든 빵을 먹고 공중을 날아간다. 늦잠 자느라 아침밥을 못 먹고 회사에 간 아빠에게 남매는 하늘을 날아 구름빵을 가져다준다. 그 일을 마치고 고양이 남매가 지붕에 앉아 남은 구름빵을 나눠 먹는 마지막 장면에서 아이들은 자기도 모르게 "좋겠다, 맛있겠다, 나도 먹고 싶다." 말한다. 바로 그때 남편은 방금 구워 포슬포슬하고 따뜻한 상투 쿠키를 쟁반에 담아 아이들 앞으로 가져왔다. 영문을 모르는 아이들은 마치 지붕에 앉은 『구름빵』 속 두 고양이처럼 오물오물 맛있게 먹는다. 하부지가 만든 상투 쿠키!

"난 아이들 별로 좋아하지 않아."라고 쉽게 말하는 남편이 매정해 보일 때가 있었다. 그러나 말의 속뜻은 아이를 잘 다루지 못한다는 것이다. 사실 우리 아이들 키울 때도 남편에게는 육아의 시간이 절대로 부족했다. 아이의 말을 제대로 듣고 대답하고 아이와 일상으로 어울려 노는 그런 아빠로 살지 못했다. 남편이 멀리 서서 서점에 온 어린아이들을 바라보는 눈은 충분히 따뜻하다. 아이들이 돌아가고 나면 남편은 서점 위아래층을 다니며 아이들이 벗어 놓고 간 양말이나 모자를 찾아내고 아이들이 놀며 벗겨 놓은 인형 옷을 찾아 다시 입히며 혼자 회한 섞인 말을 한다. "내가 어딜 가서 이런 아이들을 보겠어. 도시 살 때보다 시골에 와서 아이들을 더 많이 보고 살다니… 이건 기적이야, 기적."

그림책 인생 꽃밭 ❤ 둘

　서점에 체험학습 온 아이들과 책을 읽다가 창밖 꽃밭에서 간들거리는 꽃이 보이면 서둘러 아이들과 함께 밖으로 나간다. 아이들이 마음에 드는 색깔의 꽃을 가리키면 나는 원예 가위로 그 꽃을 잘라 준다. 아이들의 작은 손에 갖가지 색깔의 백일홍, 여우꼬리 맨드라미, 바늘꽃, 족두리꽃들이 한 움큼씩 들려 있다.
　아이들이 모은 꽃들이 흩어지지 않도록 종이 끈으로 꽁꽁 묶어 꽃다발을 만들어 주면, 엄마에게 선물하겠다며 집으로 가져가는 아이도 있다. 내가 가꾼 정원을 충분히 즐기고 떠나가는 아이들을 보면 그렇게 좋을 수가 없다.
　〈그림책꽃밭〉의 넓은 정원을 둘러본 사람들은 혼자 가꾸느라 힘들겠다, 꽃 속에 살아 참 좋겠다를 번갈아 말하곤 한다. 호미로 땅에 구덩이를 파고 꽃모종을 심으며 부슬부슬한 흙을 손으로 비비다 보면 '흙이 뭐길래 이렇게 엄청난 일을 하는가?' 하는 물음이 올라올 때가 있다. 또 정원에는 가만히 들여다볼 게 자꾸 생긴다. 꽃 한 송이 안에 또 작은 꽃이 피어 있고, 또 그 안에 수술이 작은 꽃으로 숨어 있다. 어느새 내 곁에 고양이 꽁지가 다가와 따뜻하고 묵직하게 기대앉아 있다.

1년 지내고, 2년 지내고 귀촌 정원지기 생활 7년을 넘기며 내 몸이 자연스러워졌다. 서울 어디에서 하는 전시회를 안 보면 안 될 것 같은 아쉬움, 떨어져 사는 아이들 생일에 엄마가 밥 한 끼 해주어야 할 것 같은 미련이 조금씩 사라졌다. 다 할 수 없고 다 할 필요 없는 일. 내 앞에 놓인 정원이 보여주고 이끄는 세상에 그대로 머물고 싶었다.

서점에 오는 아이들을 보며 자연과 그들을 이어주는 어른이 필요하다는 것을 날마다 느낀다. 아이들에게 꽃 자르는 법을 알려주고 자른 꽃으로 화환을 만들 수 있게 도와주고 싶다.

〈그림책꽃밭〉 마당을 돌던 아이들은 시간이 꽤 지나고 나서야 메뚜기, 거미, 벌집을 보았다고 호들갑을 부린다. 그러고 나서 주위 어른을 찾아 소리 치며 달려온다. "메뚜기 봤어요. 여기에 매미 껍질 있어요." 자연 속에서 아이들과 같이 놀라고 소리 지르며 호들갑을 떨며 살다니 꿈만 같다.

내 안에 나무

🌱 🌿 🌱

코리나 루켄 지음 | 김세실 옮김
나는별 2021

언젠가 마음 치유 프로그램에 참석한 일이 있다. 그때 인생에서 화나는 일 하나를 붙들고 밖으로 나가 나무 앞에 선 적이 있다. 마음에 드는 나무와 마주하고 이게 정말 화가 나는 일인지 묻고, 또 나무로부터 그 답을 들어 보는 시간이었다. 내가 모르는 깊은 의미가 있을 것 같은 떨칠 수 없는 힘에 이끌려 나는 밤새도록 나무 앞에서 화두를 던지고 나무가 주는 소리를 들으려 애썼다. 그런 경험 자체가 두고두고 기억에 남아 나무를 바라보는 내 마음이 당연히 달라졌다. 물론 그날 밤 몇몇 사람은 나무 앞에서 "대체 나무랑 무슨 얘기를 어떻게 하라는 거야?" 투덜대기도 했다.

『내 안에 나무』라는 제목은 이미 사람 안에 나무가 한 그루씩 있음을 전제한다. 이 그림책을 펴면 찬란한 햇빛을 받고 선 나무와 아이들이 어울리는 모습이 가득하다. 장면마다 핫 핑크빛 나무들이 주위의 노랑, 주황빛과 어우러져 눈이 부시다.

아이들은 나무와 잘 어울린다. 나무와 아이들은 똑같이 자라난다. 아이들은 나무가 키워 낸 열매를 먹고, 나무 그늘에 누워 쉬고, 나무를 타고 오르며 가까이 지낸다. 그러니 어른들은 온몸으로 나무를 느끼며 살 수 있는 환경을 아이들에게 만들어 주면 된다. 먼저 나무가 나오는 그림책부터 많이 보여주면 좋겠다.

나무 없는 세상을 상상할 수 있는가? 나무를 싫어하는 사람이 있을까? 나무를 좋아하는 사람 중에는 다음 생에는 나무로 태어나고 싶다고도 한다. 나무처럼 살다가 죽어 나무 아래 묻히고 싶어 한다. 어쩌면 우리 안에 이미 나무가 있기 때문일까?

큰고니의 하늘

테지마 케이자부로오 글·그림
엄혜숙 옮김 | 창비 2006

『큰고니의 하늘』은 테지마 케이자부로오가 판화로 만든 그림책이다. 작가는 눈이 많이 오는 일본 홋카이도에서 태어나 살면서 그곳에 사는 곰, 여우, 섬수리 부엉이, 큰고니 같은 동물 이야기를 그림책에 담았다. 그의 담백한 판화 그림을 보고 있노라면, 눈 내린 홋카이도의 추위와 깊은 겨울밤이 차갑고 절절하게 다가온다.

그림책 속 고니 가족은 병들어 죽어 가는 어린 고니를 남겨 두고 고향으로 돌아가야 하는 안타까운 상황에 처해 있다. 아이들은 죽음 이야기가 낯설기만 하다. 그림책을 보며 진지하다가 슬프다가 먹먹한 마음을 경험한다. 훌륭한 예술 작품은 이처럼 아이들 안에 분명히 있는 위로하는 마음, 안타까워하는 마음, 애도하는 마음을 건드려 준다. 이 책도 그 가운데 하나다.

모모모모모

🌱 🐛 🌱
밤코 | 향 2022

〈그림책꽃밭〉은 들어오는 방향을 제외하면 주위가 온통 논으로 둘러싸여 있다. 4월 봄에 농부들이 모를 심을 때부터 10월 익은 벼를 추수하는 모습을 가까이서 볼 수 있다.

『모모모모모』 그림책이 나왔을 때 나는 너무 좋아 뒤로 넘어가는 줄 알았다. 아이들에게 읽어 주기 딱 좋게 리듬감이 살아 있는 그림책이라니. 그림책은 봄에 농부 아저씨가 파랗고 어린 모를 심는 장면부터 시작한다. 모가 자라나고, 태풍에 넘어지고, 다시 일어나 가을에 알알이 여문 벼를 거두어 쌀이 될 때까지 농부는 쉬지 않고 일한다. 짧은 글은 모의 변화에 맞춰 같이 넘어지고 잘리고 늘어난다.

또 이 그림책은 밤코 작가의 아버지 이야기다. 평생 농사지어 딸들을 공부시킨 아버지에게 사랑하는 딸이 바치는 헌사이다.

3장

그림책꽃밭에서 만나다

왜 그림책인가?

난 결혼하고 두 아이 낳아 키우며 그림책을 만났다. 그림책 속에는 대체로 말 안 듣는 아이, 엉뚱하고 산만한 아이가 주인공으로 나오는데 어쩐 일인지 그 아이들은 잘못을 저지르고도 어른에게 혼이 나거나 벌을 받지 않는다. 아이의 엉뚱한 마음과 행동을 자연스레 따라가는 그림책이라니.

결혼하고 엄마가 되면 과거 친정엄마처럼 소리 지르거나 혼내지 않고 육아를 하리라 다짐했다. 아이들이 자라 요구가 다양해지고 자기주장이 강해지자 나도 어느새 소리 지르고 윽박지르는 뻔한 방법을 썼다. 이게 아닌데 생각했지만 달리 방법을 몰라 답답하기만 했다.

『피터의 의자』나 『소피가 화나면 정말 정말 화나면』 같은 그림책을 보며 아이의 특이한 행동과 원인을 이해하기 시작했다. 나아가 그런 아이를 대하는 책 속 어른의 태도를 눈여

겨보았다. 그림책은 내가 살고 싶은 엄마의 모습을 구체적인 상황으로 보여주었다. 나는 쳇바퀴를 돌리는 다람쥐처럼 날마다 같은 행동을 반복하다가 처음으로 그림책 세상으로 건너와 거리를 두고 나의 하루를 바라보았다. 세상에나! 나는 날마다 어린아이와 기 싸움을 벌이는 못난 어른이었다. 그림책에 나오는 피터의 엄마, 검피 아저씨를 보며 적어도 아이들에게 "너는 대체 왜 그러니?" 같은 습관적인 푸념은 하지 않을 수 있었다.

'아이들은 어떤 존재인가?' 하는 질문에 그림책은 참으로 헤아릴 수 없는 사례를 이야기로, 그림으로 보여주었다. 시간이 흐르고 아이 마음을 어느 만큼 헤아릴 수 있겠다 자신하며 돌아보니 아쉽게도 우리 집 아이들은 다 커서 내 곁을 떠나고 없다.

또 그림책은 어린 시절부터 풀지 못한 채 쌓아 둔 나의 외로움, 열등감을 이야기로 풀어내게 해주었다. 내가 그리 별난 아이가 아니고 고집불통도 아니라고, 아이들은 다 그런 거라고 그림책이 말해 주었다.

존 버닝햄의 『검피 아저씨의 뱃놀이』에 나오는 아이들과 동물들을 보라. 아이들, 고양이, 개, 돼지, 양, 송아지 등은 검피 아저씨의 배를 타기 위해 말썽 피우지 않겠다고 약속한다. 그러나 그들은 배를 타자마자 장난치고 싸우는 바람에 배는 뒤집히고 모두가 강물에 빠져 버린다. 검피 아저씨는 약속을 저버리고 저희끼리 싸우다 물에 빠진 아이들과 동물들이 헤엄쳐 강둑에 올라 햇볕에 옷을 말릴 수 있도록 도와준다. 마지막에 검피 아저씨가 이들과 함께 둘러앉아 차와 케이크를 먹는 모습은 오래오래 기억되는 명장면이다. 검피 아저씨는 이들과 헤어지며 내일 또 놀러 오라 말한다.

이런 그림책이 처음에는 무척 낯설었다. 대체 무슨 얘기인가? 특별히 재미난 줄거리가 있는 것도 아니고 떠들고 말썽 피우는 아이들에게 어른이 한마디 가르치지도 않는 이 그림책은 뭘까? 나는 온전한 어린이 대접을 받지 못하고 자란 세대이다. 이런 그림책을 어린이들이 좋아하는 데는 그만한 이유가 있겠지 생각하며 보고 또 보는 수밖에 없었다.

그림책을 읽고 글을 썼다. 어린 시절부터 무섭기만 했던 친정엄마, 따뜻하게 얼굴 보고 이야기 한번 나눠 보지 못한 엄마를 내 글 속으로 소환하고, 가여운 언니들을 초대했다. 그들을 원망하다가 미안해하다가 다시 원망하고 화해하는 일을 글쓰기 속에서 반복했다. 어느 날부터 내가 가벼워졌다. 내 안의 원망과 억울함이 사라지면서 더는 어린 시절의 내가 불쌍하지 않았다. 내가 무사히 통과해 온 시간, 그림책의 도움으로 밝아진 삶의 시간을 생각한다. 그래서 나는 그림책이다.

내가 처음 그림책을 만났던 시간으로부터 30여 년이 지난 지금 그림책 세상은 어린이 이야기를 넘어 다양한 세대와 엄청난 주제를 넘나들고 있다. 우리 서점에도 따로 코너를 만들어 '어른을 위한 그림책'이라고 써 놓았다. 그걸 본 어느 손님이 "어른을 위한 그림책이 따로 있나요?" 하고 묻기도 한다. 시골에 있는 서점 〈그림책꽃밭〉이 궁금하여 일부러 찾아오는 이는 대부분 어른 손님이다. 시간이 갈수록 아이 손을 잡고 서점에 오는 가족 손님이 줄어드는 건 왜일까? 그 대신 전국의 책 읽는 모임, 그림책 모임 하는 어른들이 삼삼오오 서점에 온다.

꼭 작가님 목소리로 그림책을 보고 싶다고 주문하는 손님도 있다. 그게 뭐 어렵겠는가? 어느 날 서점으로 아주 밝은 여인이 들어섰다. 시골에서 쉽게 볼 수 없는 화려한 차림의 손님이 뿜어내는 공기가 잠시 나를 취하게 했다. 나도 모르게 그녀에게 끌려 "어머나, 예쁘네요. 멋지네요."를 반복했다. 그녀는 대뜸 자기에게 맞는 책을 골라 읽어 달란다. 오, 난감하다.

마침 바로 앞에 세워져 있는 라트비아 작가인 아네테 멜레세가 지은 『키오스크』의 핑크 표지가 지금 그녀의 분위기와 닮아 보였다. 우리 둘은 자리에 앉지도 않은 채 그림책을 보았다. 주인공 올가가 강물에 몸을 맡기고 둥둥 떠내려가는 장면에서 여자 손님은 반은 웃고, 반은 울며 말했다.

"저는 오늘 아침 무작정 집을 나오면서 기도했어요. 〈그림책꽃밭〉에서 제게 필요한 그림책을 만나게 해 달라고. 어쩜! 진짜 저를 위한 그림책을 만났네요."

한바탕 자기 이야기를 쏟아 내고, 핸드백에서 작은 거울을 꺼내 눈화장을 고친 여인이 『키오스크』를 품에 안고 서점을 나섰다. 한 권 남은 『키오스크』가 스스로 빛을 내뿜는 듯하다.

아름답고, 깊고, 따뜻한 것에 기대어

결혼한 지 얼마 안 된 부부가 서점에 왔다. 곧 아기를 가질 예정이고 그림책을 좀 알고 싶은데 어떻게 책을 고르고 읽어야 할지 모르겠다고 아내가 말했다. 나는 이때만 해도 서점을 차리고 얼마 되지 않아 손님이 원하면 그림책을 몇 권이라도 읽어 주었다. 이미 나와 함께 그림책을 3~4권 읽은 아내가 자리에서 일어나더니 저쪽에 무심히 서 있는 남편을 데려다 자기 옆에 앉게 했다. 남편을 데려왔으니 그림책 한 권 더 읽어 달라는 눈치다.

이제 진짜 마지막이라 생각하고 이수지가 그린 『아빠, 나한테 물어봐』를 읽었다. 이 책 속의 여자아이는 아빠와 단둘이 산책한다는 사실에 흥분하여 문을 열고 밖으로 나가자마자 공중을 훨훨 날듯이 걷는다. 여자아이는 아빠에게 했던 말을 하고 또 하고, 같은 말을 다르게 해보고, 나중엔 아빠가 자기에게 물어봐 주었으면 하는 말을 만들어 아빠에게 가르쳐 준다.

아빠는 딸아이와 산책을 나왔으나 아직 뭔가 어색한 듯 팔짱을 끼고 걷는다. 딸아이는 아빠가 곁에 있기만 해도 좋다. 아이는 눈앞에 보이는 개, 고양이, 거북이, 기러기, 개구리 모두를 좋아한다고 말한다. 자신이 알고 있는 걸 실컷 말하고 난 아이는 문득 아빠와 함께 놀던 지난 시간이 떠올랐나 보다. 회전목마를 타고, 바닷가에서 조개껍데기 주웠던 일을 얘기한다. 사실 아빠는 잊고 지낸 일을 아이는 어쩜 이렇게 하나하나 기억해 낼까? 이쯤에서 아빠는 딸아이의 깜짝한 성장과 기억하는 힘에 놀라 정신이 번쩍 들었을 것이다. 어느새 팔짱을 끼고 걷던 팔이 풀리고 딸아이를 어깨에 무동 태운 아빠는 아이처럼 아이스크림을 먹고 있다. 언젠가 시간이 지나 어른이 된 딸아이에게 아빠가 물음을 던지는 날이 올 것이다.

"딸아, 내가 좋아하는 게 뭔지 아니?"
"딸아, 아빠가 좋아하는 게 뭔지 한 번 물어볼래?"

잠시 부부 쪽을 바라보다 나는 깜짝 놀랐다. 얼굴이 빨갛게 달아오른 아내가 울고 있었다. 모르는 척 지나갈까 하다가 책 읽기를 멈추고 잠시 기다렸다. 뚱한 표정의 남편이 마지못해 아내 어깨 위에 손을 올려놓으며 말을 했다. "저는 왜 우는지 전혀 모르겠어요." 잠시 후 아내는, 딸과 아빠가 나오는 그림책을 보니 친정아빠도 생각나고, 어릴 때 저 여자아이처럼 종알거려 본 일이 없어 슬펐다며, 이런저런 생각에 복잡했다며 얼른 눈물을 닦았다.

결혼하여 가정을 이룬 나의 여자 조카들에게서 많이 보아 온 풍경이다. 조카들 역시 결혼과 출산 뒤에 친정엄마, 친정아빠를 다시 돌아본다고 말했다. 아이를 낳아 키우면서 새삼 엄마 아빠에게 묻고 싶고, 듣고 싶은 얘기가 떠올라 난감하다고 했다.

"엄마, 그때 나한테 왜 그랬어?"
"엄마, 나 어릴 때 예뻤어? 예쁘다고 말해줬어?"
"나한테 칭찬 많이 했어?"
"나는 여전히 소심한 채 살고 있어. 난 왜 그런 걸까?"
"어릴 때 아빠랑 얘기를 나눈 기억이 없어. 아빤 그때 무슨 생각을 하며 살았을까?"

그렇다고 이제야 부모를 찾아가 궁금한 것을 일일이 물을 수도 없는 노릇이다. 과거의 시간을 그러려니 하고 흘려보내는 사람이 있는가 하면, 몇 가지 기억이 자신을 놓아주지 않는 바람에 매번 힘들어하는 이도 있다.

내가 구로동에서 2011년부터 후배 동무들과 글쓰기 모임을 시작한 것도 그런 마음속 답답함, 누군가를 향한 원망을 풀어내는 데 글쓰기만큼 좋은 도구가 없음을 알려 주고 싶어서였다. 혼자보다는 자기 생각을 나누고 또 다른 이의 것을 들을 수 있는 모임이 있다면 더 좋다. 글쓰기는 과거 기억으로 들어가 외롭거나 슬펐던 자신의 이야기를 잘 들어주는 행위이다.

나아가 글쓴이의 삶과 밀접한 사람들 입장에도 어쩔 수 없이 서 보게 된다. 과거에 해결하지 못한 어떤 상황을 떠올리며 글쓰기를 할 때, 늘 나는 억울하고 상대는 나를 힘들게 한 원인 제공자일까? 지금껏 내가 믿고 몰아온 생각은 언제나 옳은가? 그 흔들림 때문에 글쓰기를 하다가 중도에 그만두기도 하고, 그만두지 않기도 한다.

나를 인정하는 것은 곧 나를 부정할 수 있는 것과 맥락이 같다. 어른이 되는 일은 그동안 믿어 왔던 내 생각이 틀릴 수도 있다고 열어 두는 것이다. 글쓰기는 나를 단단히 하는 일이자 동시에 내 글 속에 엄마, 아버지, 가족, 타인을 불러내 그들의 목소리를 들어 주는 일이다.

나의 사랑하는 조카들, 엄마가 되어 아기를 품에 안고 사는 세상의 수많은 딸들은 잘 지내고 있을까? 아기는 맑은 눈을 말똥말똥하며 자기를 안고 있는 엄마 얼굴만 쳐다볼 것이다. 그녀들의 슬픔이 너무 오래가지 않기를 바란다. 아기를 보살피는 일과 똑같이 자기 마음을 위하며 하루를 살아야 한다. 세상에 있는 아름다운 것, 깊은 것, 따뜻한 것에 기대어 살아가길 바란다. 아기와 그림책을 읽고 산책하고 큰 소리로 노래를 부르자. 아기를 품에 안고 아기가 주는 평화를 충분히 누리자.

    결혼하고 처음 방문한 서점에서 『아빠, 나한테 물어봐』를 보며 얼굴이 빨갛도록 눈물 흘리던 젊은 아내는 지금쯤 아기를 안고 그림책을 읽어 주고 있을까?

내게 왜 오신 걸까?

 오늘은 서점 휴일이다. 저만치 차 들어오는 소리가 들린다. 서점에 오는 차가 커다란 택배 트럭인지 작은 승용차인지 바퀴 구르는 소리만 들어도 알 수 있다. 서점 들어오는 길바닥의 돌자갈을 밟고 오는 타이어 소리가 더글더글 요란하면 택배 트럭, 그 소리가 자갈자갈 약하면 서점 오는 손님 승용차다. 승용차 바퀴 소리가 멈추고 차 문 닫는 소리까지 들렸다. 손님이 차에서 내렸는가? 밖에 있는 손님 말소리 때문에 일에 집중할 수 없어서 서점 문을 열고 주차장 쪽을 내다보았다.

 하얀 단발머리 할머니랑 딸로 보이는 내 또래 여성이 자동차 앞에 핀 나리꽃을 보며 이야기를 나눈다. 나는 손나팔을 만들어 낮은 목소리로 "오늘 서점 쉬는 날입니다. 꽃 보고 가셔도 됩니다."라고 말했고, 저쪽에서 "그럼, 어머니랑 꽃구경만 하고 갈게요." 답했다.

꽃구경이 길어지는가 보다. 잠시 후 두 사람이 서점 문 가까이 와 있는 게 느껴졌다. 나는 자리에서 일어나 서점 문을 열고 나가 인사를 했다. "들어와서 서점 구경하실래요?"

"고맙습니다. 우리 어머니 아흔이신데 꽃 그림 그리고 싶어 하세요. 고관절 수술하고 한 달 넘게 병원에 계시다 오늘 퇴원했어요. 꽃 그림 그리고 싶다고 노래를 하셔서 병원에서 바로 서점에 들렀어요."

친정엄마의 몸과 마음을 온전히 헤아리는 딸이라니. 이 어머니와 딸은 과거 어떤 시간을 살았길래 이리도 평화로운가? 그 둘을 바라보는 내 안에서 잠시 질투 같은 부러움이 일어났다. 손님 딸이 하는 따뜻함을 흉내라도 내보려는 듯 꽃이 나오는 그림책 몇 권을 골라 테이블 위에 펼쳐 놓았다. 『여든, 꽃』, 『쑥갓 꽃을 그렸어』, 『꽃마중』, 『꽃이 핀다』…. 딸은 그중에서 『꽃마중』을 한 장 한 장 열어 할머니에게 보여 주었다. 할머니는 "요고 요고 달개비꽃, 요거는 백일홍, 요거는 진달래." 하며 함께 손가락을 움직였다. 그림책 속에 있는 꽃을 가리키는 할머니 손가락이 조금 떨렸으나 대화의 맥락을 놓치지 않았다.

나는 공광규의 『흰 눈』(주리 그림 | 바우솔)을 꺼내어 읽어 드렸다. 그림책 마지막 장면에서 내가 그만 울고 말았다.

더 앉을 곳이 없는 눈은

할머니가 꽃나무 가지인 줄만 알고
성긴 머리 위에
가만가만 앉는다.

하얀 머리 노인 나오는 그 장면에서 앞에 앉아 계신 할머니와 요양원에 있는 내 친정엄마가 겹쳐 보였다. 할머니가 오늘 내게 왜 오신 걸까? 사람이 사람 되게 하는 방법도 참 여러 가지다. 할머니가 다녀간 뒤로 오늘 내 마음이 좀 힘들다.

얼마 지나지 않아 집으로 돌아간 딸이 내게 사진 한 장을 보내왔다. 사진 속에서 할머니는 식탁에 앉아 딸이 사 준 그림책을 보며 즐거운 표정을 짓고 계셨다. 식탁 위에는 내가 꽃밭에서 꺾어 드린 나리꽃을 꽂은 물병이 놓여 있었다.

무서워서 시를 읽는다

 감자를 심기 전에 흙을 보드랍게 해주려고 호미를 들고 밭으로 갔다. 따뜻한 봄 햇살을 등에 받고 앉아 박완서의 소설 『그 많던 싱아는 누가 다 먹었을까』를 오디오북으로 들으며 호미로 흙을 뒤집어 주었다. 개성에서 어린 시절을 보낸 작가는 또래 동무들과 몰려다니며 소꿉놀이, 술래잡기를 하며 놀았다. 뒷간에 몰려가 함께 똥 누는 일도 이 아이들에겐 자지러지게 재미난 놀이였다. 개성에서 내려오는 뒷간에 얽힌 옛이야기도 있다. 나는 이 책을 몇 번이나 읽었는데도 도깨비 나오는 이야기는 오늘 처음으로 귀에 들어왔다.
 옛날에, 뒷간에 사는 도깨비는 밤마다 뒷간 똥으로 인절미를 만들어 재를 묻히며 놀았다. 혹시 한밤중에 뒷간에 온 사람에게 인절미 만드는 걸 들키기라도 하면 도깨비는 만든 똥떡을 내밀며 "떡 하나 맛보슈." 한다. 이때 더럽다고 똥떡을 받아먹지 않으면, 도깨비에게 변을 당할 수 있으니 도깨비가 주는 똥떡을 무조건 받아먹어야 한다는 얘기다.

어릴 때 방학만 되면 나와 동생들은 강원도 할머니 집에 내려가 지냈다. 그때는 나처럼 부모 따라 객지에서 지내다가 방학이면 시골 할머니 집에 맡겨지는 아이들이 꽤 많았다. 한 달 남짓 동안 또래들은 시골 방앗간, 창고, 뒤란 같은 외진 곳을 몰려다니며 자기들이 다니던 학교생활을 얘기하다가 나중에는 유치하고 비밀스러운 얘길 지어내며 낄낄거렸다. 안타깝게도 지금 아이들은 비밀 공간, 외진 공간, 아이들끼리 모여 아이들만의 이야기를 만들어 낼 수 있는 공간이라고는 없는 세상에 산다. 심지어 그래서는 안 된다고 말하는 세상이 되었다.

저만치 서점 주차장에 자동차 한 대가 서고 차에서 내린 두 여자 손님이 순식간에 서점으로 들어가 버렸다. 밭에 앉아 있던 나는 "오늘 서점 휴일인데… 이제 막 감자밭을 일구기 시작했는데…." 혼잣말을 하며 앞치마를 벗고 손에 쥔 호미를 내려놓았다. 곧바로 서점 쪽으로 달려가 현관에 서서 운동화에 묻은 흙을 탁탁 털어 냈다.

손님은 과거 당진에서 교사 생활을 했고, 그때 여고생이던 제자와 지금은 친구처럼 지낸단다. 오늘 서울 병원에 입원한 아들에게 다녀오는 길에 제자 친구가 동행을 했다. 손님은 멀고 어려운 길에 함께 다녀와 준 고마운 제자를 당진에 있는 〈그림책꽃밭〉으로 데려왔다. 대전 사는 제자에게 벌써 이곳 서점을 보여주고 싶었는데 마침 오늘 기회가 찾아온 것이다. 50대로 보이는 제자가 서점을 둘러보는 동안 70대 선생님 손님이 내게 다가와 조용히 말했다.

"저, 위로가 필요해요. 서울 병원에 있는 서른여덟 아들애가 많이 아파요. ○○병, ○○병에 ○○병까지 더해져서 이번에 꼭 죽는 줄 알았어요. 그나마 엄마 만나 좋아진 모습을 보고 내려왔어요. 아들이 인지가 모자라 보통 학교 못 다녔어요. 나랑 당진 살 때 여기저기 둘이서 안 간 데 없이 같이 다니던 시절이 너무 좋았는데. 우리 모자 참 잘 지냈는데…."

아, 이런 시간이 나는 어렵다. 마침 신간 코너에 있는 박완서의 시 그림책 『시를 읽는다』(이성표 그림 | 작가정신)를 꺼내 함께 읽었다.

나이 드는 게 쓸쓸하고,

죽을 생각을 하면 무서워서

시를 읽는다.

"아, 나도 이번에 딱 아들이랑 죽으려 했는데. 시가 내 맘 같은 말을 하네." 오늘 이 그림책이 없었다면 어땠을까? 선생님은 『시를 읽는다』 두 권을 사서 제자와 한 권씩 나눠 가졌다. 마침 얼마 전 엽서 크기의 종이에 〈시를 읽는다〉를 필사해 놓은 것이 있어 손님 그림책 사이에 끼워 드렸다. 내가 드릴 수 있는 것이 있어서 다행이다.

　나는 결혼하고 동네 은행의 고객 대기실에 있던 여성 잡지에서 우연히 박완서 소설을 만났다. 80년대에 독문과를 다녔으나 부끄럽게도 책 한 권, 독일 소설 하나 제대로 읽고 소화하지 못했다. 책을 읽고 싶었고 멋으로라도 책에 빠지고 싶어 고전을 읽어 보았으나 나랑 상관없는 얘기투성이였다.
　뒤늦게 만난 박완서의 소설은 얼마든지 읽을 수 있었다. 일단 박완서라는 이름을 알고 나니 서점에서, 헌책방에서 그녀의 책이 눈에 쏙쏙 들어왔다. 2011년 1월, 광화문에서 모임을 하던 중에 핸드폰을 보던 친구가 "박완서가 사망했네."라고 무심히 말했다. "어머 어째, 이를 어째." 하며 울먹거리는 나를 본 친구가 "야, 너 박완서랑 뭐라도 되냐?" 했고, 박완서 문학에 대한 나만의 진정한 감사와 사랑은 물론 추모의 말조차 꺼내지 못하고, 그 자리에 맥없이 있었던 기억이 새삼스럽다.
　오늘 아침나절에 박완서의 소설을 들으며 호미질을 하고, 서점에서는 손님이랑 박완서의 시를 읽었다. 그 덕에 저 너머 박완서와 만난 추억까지 넘나들었다. 모름지기, 오늘은 박완서의 날이다.

젊은 아빠 등에 얹은 손

"빨리 끝내 주는 게 제일 좋아요." 어린이집에서 아빠 대상 그림책 강의를 앞두고 서점에 오는 젊은 엄마들에게 도움 될 만한 팁을 물었다. 돌아온 답은 강의 시간을 절대로 넘기지 말고 가능한 한 빨리 끝내란다. 아니나 다를까 강의 날 오전 열 시, 시작도 하기 전에 한 아빠가 자기는 약속이 있어 11시 30분에 나가겠다고 말한다.

오늘 모인 어린이집 아빠 12명은 아직 내 아들뻘은 아니고, 결혼하여 사는 나의 조카쯤 되는 나이다. 나와 남편이 모두 막내로 자라 양쪽 집안 조카들이 학교 졸업하고 결혼하여 사는 모습을 많이 보았다. 결혼한 부부는 사랑으로 아이를 낳는다. 그 아이가 평범하게 건강하다면 그림책 『괴물들이 사는 나라』에 나오는 주인공 아이처럼 '괴물 중의 괴물'로 커 갈 것이다.

책 속에서 아이는 자기 방 안에 들어가 벌을 받는 중에도 반성은커녕 배를 타고 괴물 나라로 가는 상상 놀이를 한다. 괴물 나라 괴물들이 아이를 왕으로 섬길 만큼 아이는 왕성하게 놀이에 몰입한다. 부모는 부모대로 육아가 힘들어 쩔쩔매지만 이때 아이의 엉뚱함을 아빠 엄마가 진심으로 이해하고 격려하지 않으면, 아이는 건강한 괴물성을 잃어버리고 만다.

사랑은 변한다. 반드시 변한다. 부부는 자기 닮은 아이를 낳아 키우는 일로 뭉치고, 이를 이유로 싸운다. 한국에서 육아는 여전히 많은 부분이 여자의 몫이다. 남자에게 시간이 주어지면 어떤 부분에서는 여자보다 더 잘할 수 있다. 단, 아기와 함께 지내는 시간이 임계치를 넘어야 한다. 육아 휴직 3주, 한 달, 6개월은 턱도 없는 시간이다.

아이를 원한다는 우리 사회는 아빠들에게 턱없이 짧은 육아 시간을 준다. 아빠들 대다수는 "차라리 회사에 나가 일을 하겠다."라고 말한다. 여자는 아이를 낳고부터 생기는 일을 해결하느라, 사방팔방 떠다니는 sns 정보들을 받거나 거절하느라 하루가 모자란다. 남자는 그런 여자를 보며 놀라고 기특해하고 지지하지만 점점 모르는 세상이 두텁게 쌓여 간다. 주말이 되어 그런 여자를 위로하고 분담하느라 남자는 허덕인다. 부부의 인식은 점점 많이 벌어져만 간다.

부부 사이 정이 좋은 사람들은 부모 교육, 아빠 교육 그런 거 필요 없다. 가족이 같이 밥 먹고 수다 떨고 티격태격 사는 가정에서 아이가 결핍이 있다면, 그건 차라리 인간적이다. 내 주위 젊은 부부들은 서로 사랑을 나누는 데도 데면데면하다. 이 예쁘고 젊은 남녀가 자연스러운 육체적 욕망을 솔직하게 나누지 않는 눈치다. 사랑받고 싶고 멋진 존재로 인정받고 싶은 당연한 욕망을 무엇으로 채우는가? 결혼은 그런 거 합법적으로 채우기 위한 제도 아닌가? 아이 낳아 키우려고 결혼하는가? 여기까지 말하고 나는 내가 아빠들을 혼내고 있나 돌아보며 잠시 숨을 돌렸다.

"하나 물어볼게요. 아빠들 스스로 중요하게 여기는 가치가 있어요?" 아빠들은 내 눈을 피하다가 모르겠다고 고개를 가로젓는다. "아무래도 지금 세상에는 돈이 필요하니까."라며 돈이 중요하고, 돈 다음은 건강이라고 작은 목소리로 말한다. 중요한 것을 이렇게 자신없게 말하다니.

쉬는 시간 없이 십 분 모자라는 두 시간을 강의했다. 11시 30분에 가야 한다는 아빠는 고맙게도 자리를 지키고 있었다. 강의 중 두 아빠의 눈이 몇 번 빨개졌다. 나는 이들과 그냥 헤어지기가 아쉬웠다. 묵직하기만 한 얼굴 너머에서 무슨 생각을 하고 있는지 듣고 싶었다.

"나는 너무 아이들에게 하지 말라는 말만 하고 살았다. 그래서 아이도 나를 싫어한다는 것 같다."

"집에서 영상으로 그림책 보여주는데 앞으로 내가 그림책 읽어 줘야겠다."

"아이가 엄마만 좋아하고 나를 경쟁 상대로 본다. 뭘 해도 나는 져야 하고, 어쩌다 한 번 내가 이기면 울고불고 난리다. 이유를 모르겠다."

"저녁에 아이가 내게 책 읽어 달라고 가져오면 참 좋다. 그래도 나를 좋아하는구나 싶은 생각이 든다. 앞으로 더 잘 읽어 주고 싶다."

"아내와 자꾸 싸우고, 뭔가 내가 잘못하고 있는 것 같은 막연한 생각을 하며 살았다. 오늘 그게 뭔지 조금 알겠다."

나도 모르게 눈물을 머금고 있는 아이 아빠 쪽으로 가 등에 손을 얹었다. 충분히 애쓰며 노력하는 아빠인 것을. 오늘의 무거움일랑 다 떨치고 하루 15분, 아빠랑 아이랑 그림책 읽고 몸으로 놀면 좋겠다고 말했다.

아이와 눈맞추고 노래하고 춤추며 살아요. 딸아이를 안고 그림책 읽는 지금, 참 좋은 때입니다. 2023. 4. 11 그림책꽃밭 감자꽃

경찰차 보고 놀라지 마세요

　서점 마당에 경찰차 두 대가 와 있다. 서점에 무슨 일이 일어났나 놀라지 말아야 한다. 경찰차가 느린 속도로 마을을 다니며 순찰을 도는 모습은 우리 마을 주민에게는 익숙하다.
　어느 날 마을을 지나던 경찰차가 서점 쪽으로 방향을 꺾어 마당 깊숙이 들어오더니 경찰관 세 명이 차에서 내렸다. 무슨 일인가 문을 열고 나가니 팀장이라는 분이 송악 파출소에서 함께 일하는 경찰관과 지나는 길에 마당에 핀 꽃이 예뻐 꽃구경 왔다고 인사했다. 휴! 경찰차를 보고 잠시 놀란 가슴을 쓸어내렸다. 팀장님은 내부 공간을 둘러보고 나서 이곳이 뭐 하는 곳인가 지날 때마다 궁금했는데 서점이라니 너무 좋다며 웃었다.
　팀장님은 나와 비슷한 장년, 나머지 경찰관은 우리 아이들 또래 청년이거나 22살의 어린 나이도 있었다. 경찰차는 시골 마을을 돌다가 비상 호출을 받으면 바로 현장으로 달려가야 한다. 가끔 젊은 경찰관이 감당키 어려운 무서운 일, 험한 일이 시골 곳곳에서 생겨난다며 팀장님은 이들 젊은 경찰관을 위로할 좋은 책을 소개해 달라고 했다. 그중 한 경찰관이 일어나더니 안녕달 작가의 그림책을 모아 놓은 책꽂이 앞으로 갔다. 지금 누나네 집에 사는데, 어린 조카 때문에 그림책을 좋아하게 되어 안녕달 작가의 책을 모두 다 읽었단다. 그렇게 말하는 젊은 경찰관이 다시 보였다.

나는 백희나 작가를 소개해 주기 위해 그림책 『알사탕』과 『장수탕 선녀님』을 들고 자리에 앉았다. 경찰관 세 사람이 몸에 차고 있는 호출기에서는 끊임없이 뭐라 뭐라 알아들을 수 없는 현장의 말소리가 들리고, 정기적으로 또로록또로록 하는 벨 소리가 울렸다. 이날 백희나 작가 책은 펼치지도 못했다. 갑자기 한 경찰관 전화로 비상 호출이 울려 모두 동시에 급하게 서점을 빠져나갔다.

이날 이후 팀장님은 젊은 경찰관들을 번갈아 서점에 데려왔다. 또로록또로록 하는 벨 소리는 여전히 들려왔지만 급한 일을 알리는 비상벨이 오래도록 울리지 않아 그림책 한 권을 끝까지 읽는 날도 있었다. 김장성이 쓴 『수박이 먹고 싶으면』을 읽은 날, 한 젊은 경찰관이 "수박 키우는 거랑 부모님이 나를 키우는 거랑 똑같네요."라며 "저 학교 다닐 때 부모님 고생이 많으셨어요." 한다. 나는 이 소릴 듣고 의심 없이 "대학 등록금 내느라 부모님이 힘드셨죠?"라고 말했다. 그 경찰관은 "저 대학 안 나왔어요." 했다. 아, 사람에게 스스럼 없이 말을 거는 게 내 장점이라 여기고 살지만 이런 순간은 아니다. 젊은 경찰관과 그림책 읽다 내 편견의 한 조각을 따갑게 깨우치기도 했다.

그럼에도 경찰관들과 그림책을 읽는 시간이 즐거웠던 이유 중 하나는 팀장님의 유쾌한 태도였다. 팀장님은 나이 든 중년 남자이고 젊은 경찰관들에게는 어려운 상사이기도 했다. 그런 팀장님이 그림책을 같이 보며 바로바로 반응을 보이고 책상을 손으로 치며 재미있어했다. 이런 팀장님 덕분에 비록 짧은 시간이지만 젊은 경찰관들도 서점에서 그림책을 펼쳐 놓고 웃으며 쉬었다 갈 수 있었다.

레오 리오니의 『파랑이와 노랑이』를 보여준 날이다. 그림책 속 파랑이와 노랑이는 둘도 없는 친구다. 둘이 매일같이 딱 붙어 놀다 보니 그만 초록이가 되어 버렸다. 파랑이 부모는 놀다 집에 돌아온 초록이를 모르는 아이라 했고, 노랑이 부모 역시 초록이를 자기 아이가 아니라고 했다. 자기 자식의 변화를 못 알아보고 아이의 말을 인정하지 않는 어른의 모습이 보이는 그림책이다.

팀장님은 특별한 경험담이 떠오른다고 했다. "저거 우리 학생들 얘기네! 외국인 아이들이랑 한국 애들이랑 싸움 붙어서 현장에 가면 원래 애들끼리는 친한데 어른들이 못 놀게 한다는 거야." 저쪽 끝에 앉아 그림책을 보던 팀장님이 그림책을 가리키며 말했다. 아주 오래전 먼 나라 미국에 살았던 작가 레오 리오니가 어린 손주들을 위해 종이를 찢어 만들었다는 그림책을 보며, 한국 당진에서 일하는 경찰관들이 지금 여기서 생겨나는 문제를 떠올리다니.

 1년 뒤에 팀장님이 다른 파출소로 발령 받아 간 뒤로 경찰관들의 서점 나들이는 이어지지 않았다. 서점 책꽂이를 정리하다가 『파랑이와 노랑이』를 보면, 송악 파출소 팀장님과 같이 웃던 경찰관들이 떠오른다.

스리랑카 사유루

오늘은 우리 동네에 있는 송악 지역 아동 센터 저학년 어린이들이 서점에 오기로 한 날이다. 지난번 〈그림책꽃밭〉을 다녀간 고학년 어린이들이 자랑을 많이 하는 바람에 동생들은 서점 가는 날을 손꼽아 기다렸단다. 지석이, 연수, 은미, 영주 그리고 사유루.

사유루는 올 4월 스리랑카에서 당진으로 왔다. 작은 얼굴에 댕글댕글 까만 눈동자가 예쁜 남학생이다. 아직 한국 말이 많이 서툴다고 센터 선생님이 알려 준다. 나는 사유루를 위해 똥 이야기 그림책을 골랐다. 다섯 아이와 함께 고미 타로의 『누구나 눈다』 빅북을 보았다. "아, 사유루! 스리랑카에서는 똥을 뭐라고 해?" 사유루는 내가 묻는 말을 느낌으로 알아듣고 곧바로 대답했다. "카읍카!" 그때부터 나는 똥을 카읍카로 바꾸어 읽었다. 아이들 모두 데굴데굴 구르며 카읍카, 카읍카 소리 내며 웃는다.

　오늘은 아이들 온다고 특별히 서점 벽난로를 피웠다. 벽난로에 넣어 놓은 고구마가 그림책 읽는 동안 다 익었나 보다. 고구마를 꺼내어 다섯 아이와 나누어 먹었다. 벽난로의 화력이 센 바람에 고구마 껍질이 많이 탔다. 탄 껍질을 벗기느라 아이들은 검댕을 손과 얼굴에 묻히며 서로 놀려 댔다.

　고구마를 먹고 난 아이들이 하나둘 책을 고르기 시작했다. 맘에 드는 책을 고른 아이는 책을 껴안고 선생님에게 "저, 이 책 갖고 싶어요!" 하고 소리쳤다. 순간 나는 선생님 반응이 궁금했다. 어른들은 아이들이 호기롭게 골라 온 책을 보며 "그게 좋아? 신중하게 고른 거야? 너무 쉬운 거 아냐?"라며 재차 확인하고 다짐받으려 한다. 정진숙 선생님은 아이들이 고른 책 표지와 본문을 몇 장 열어 보더니 "좋네, 좋아! 너네는 어쩜 좋은 책을 이렇게 잘 찾아내니." 한다. 선생님에게 큰 칭찬을 받은 아이들은 "오, 예!" 하며 자기와 인연이 된 책을 가슴에 껴안고 세상 밝은 얼굴을 한다.

　언제 왔는지 2학년 영주는 내 옆에 착 붙어 있다. 영주는 책을 고르는 일보다 다른 것에 관심을 쏟는다. 내가 쓰는 필기구인 만년필이 신기하다고 만져 보고, 책상 위 연필꽂이에 꽂힌 갖가지 색연필, 사인펜들을 뽑아 본다. 아이들이 고른 책을 내게 가져오면 나는 첫 장을 열어 한마디씩 써 준다. 그런 나를 보고 영주가 묻는다. "여기 책에다 다 똑같이 적을 거예요, 다 다르게 적을 거예요?", "당연히 다 다르게 적어야지. 이름도 다르고 성격도 다르잖아."

한글을 모르는 사유루를 위해 정진숙 선생님이 그림책을 골라 왔다. 유연한 고양이가 한글 ㄱ ㄴ ㄷ을 몸으로 표현한 그림책이다. 사유루는 그 책이 맘에 들지 않는지 고개를 가로젓는다. 사유루는 영유아 코너에서 백유연의 『사탕 트리』를 가져온다. 사유루가 이곳에서 친구들과 행복하길 바라는 마음을 담아 그림책 속지에 짧은 글을 써 주었다.

오늘, 사유루를 만난 걸 영원히 잊지 못할 거야.
스리랑카 아름다운 나라도 알고, 카읍카 똥도 알았어.
고마워, 사유루!

-2022년 12월 29일 감자꽃

눈이 와도 와야 해요

 펑펑 눈이 내린다. 오후 2시에 합덕에 있는 중학교 선생님 열 명이 서점에 온다고 예약한 날이다. 이렇게 눈이 많이 내리면 손님들은 대부분 예약을 취소한다. '아, 오늘은 제발 취소하지 말았으면….' 숨길 수 없는 내 속마음이다. 오늘 예약 손님들이 서점에 올 수 있게 제발 눈이 그만 내리면 좋겠다. 오전에 시내에 볼일이 있어 나간 김에 후배 경민과 점심을 먹었다. 혹시 예약 취소 전화가 올까 봐 점심을 먹으면서도 나는 창밖만 내다보았다. 같이 창밖을 보던 후배가 속 모르는 소리를 한다.
 "이렇게 눈이 내리면 오늘 오실 선생님들께 전화해야 요. 서점 들어오는 길이 위험하다고요."
 "아냐! 나, 전화 안 할 거야. 어린이들이면 몰라도 선생님들은 어른이잖아. 오랜만에 있는 단체 손님 예약이야. 오셔야 해. 꼭 오시면 좋겠어."

 점심을 먹고 서둘러 서점으로 돌아오며 보니 시골길은 아침보다 훨씬 눈이 많이 쌓이고, 그늘 쪽은 벌써 얼음이 얼기 시작했다. '아, 오지 말라고 전화를 해야 하나?'

 이런저런 생각을 떨쳐 내기 위해서 나는 벽난로에 장작을 잔뜩 넣어 서점을 따뜻하게 했다. 몇 번이나 서점 문을 열어 목을 뺀 채 저쪽 S 자로 꺾여 들어오는 마을 입구를 내다보았다. 선생님들 차는 안 보이고 계속해서 펑펑 눈만 내렸다. 드디어 오후 2시가 조금 넘어 저만치 엉금엉금 줄지어 들어오는 차들이 보였다. 흰색, 검은색 승용차 여섯 대가 서점 입구 비탈길을 내려와 겨우겨우 차를 세우고, 차에서 내린 선생님들은 눈 쌓인 마당을 경중경중 뛰며 서점 쪽으로 왔.

 "세상에, 서점이 이렇게 시골에 있는 줄 몰랐어요." 선생님들은 머리와 어깨에 수북이 내려앉은 눈을 털어 내며 안으로 들어왔다. 서점을 둘러보던 선생님 한 분이 놀라며 소리쳤다. "세상에, 뭐야! 서점이 왜 이리 예쁜 거야!" 뒤따라 들어온 선생님들도 비슷한 반응을 보이며 책방을 둘러보았다. 대표 선생님은 빨리 책을 고르고, 눈이 더 오기 전에 서점을 나가야 한다고 두 번, 세 번 당부했다.

 "자, 자, 아까 말씀드린 금액만큼 책을 고릅니다.", "책을 천천히 보면서 고르고 싶어요. 예쁜 책, 좋은 책이 너무 많아 고르기 힘들어요. 어쩜 좋아요." 20분쯤 지나자 선생님들은 빠르게 책이랑 친해졌다. 조카에게 선물한다며 팝업 그림책만 3권 고른 남자 선생님, 손주에게 줄 책을 고르는 교감 선생님, 고등학생 딸을 위한 책, 책, 책….

십여 명이 각자 십만 원씩 책을 샀다면 계산이 나오지 않는가? 2019년 〈그림책꽃밭〉 오픈식 이후 하루에 이만한 매출은 처음이다. 선생님들은 책 보다가 창밖에 내리는 눈 보다가 그림책 예쁘다 했다가 미끄러운 길 걱정하다가 이젠 도저히 안 되겠다며 다 함께 우르르 서점을 나갔다.

서점 밖 주차장에서는 남편이 펑펑 내리는 눈 속에서 선생님들 자동차 유리창에 두껍게 쌓인 눈을 수건으로 연신 닦아 내고 있었다. 남편은 눈 묻은 수건을 허공에 흔들어 털어내고 다시 유리창 닦기를 반복하고 있었다. 그렇다! 오늘처럼, 우리 부부가 안팎으로 손발이 짝짝 맞는 날이 있다.

텅 빈 서점 바닥에는 선생님들 신발에 묻어 와 녹아 버린 눈자국이 여기저기 남아 있었다. 자동차가 다 빠져나가고도 주차장에서 내리는 눈을 맞고 서 있는 남편에게 손을 흔들어 그만 들어오라고 했다. 그나저나 이분들 무사히 집까지 가야 하는 일이 남아 있다.

한 시간 뒤에 대표 선생님이 기다리던 문자를 보내왔다. "두고두고 기억할 만한 눈 오는 날, 선생님들 모두 집에 잘 도착. 〈그림책꽃밭〉에 좋은 책 많아 신나 하고, 특별한 책 많아 좋아했음. 다음에 꼭 다시 가고 싶다고 함."

김제동이 서점에 온 날

『시사IN』 2023년 9월 26일 자에 내 눈을 의심하는 내용이 있어 읽고 또 읽었다. 2024년도 문화체육관광부 국민독서문화증진 지원 예산이 제로란다. 북스타트, 오늘의 서점, 심야 책방 독서문화 캠프, 독서동아리 활동 지원이 모두 사라진다는 기사였다.

나는 당진 시골 마을에서 2023년을 기준으로 6년째 서점을 지키고 있다. 처음에는 서점에서 열심히 책만 팔겠다 마음먹었으나 가만히 앉아 기다린다고 책방에 손님이 찾아오는 게 아니었다. 마침 1년에 한 번 한국서점조합연합회에서 진행하는 지역서점활성화 사업이 있었다. 사업 공고가 나고 신청한 서류가 채택되면, 약 500만 원을 받아 계획한 사업을 1년 동안 진행할 수 있다. 우리 서점에서는 작가 만나기, 첼로 연주, 재즈 공연, 책 만들기, 바구니 만들기 같은 다양한 사업을 진행했다. 행사가 있는 날이면 시골 서점에 모처럼 사람들이 북적거렸고 덩달아 책 판매도 올라갔다.

  서류, 컴퓨터, 낯선 전문용어에 취약한 내가 돋보기를 쓰고 조달청, 국세청 등의 콜센터 상담원과 여러 차례 전화하며 어렵게 어렵게 이 일들을 해왔다. 행사가 끝나도 서점 주인은 일이 끝난 게 아니었다. "근데요, 미안하지만 원천세의 뜻이 뭔지 물어봐도 돼요?" 국세청 상담원에게 이런 질문을 하며 세금 신고까지 마치고 결과 보고서를 내고 나면, 이 어려운 일을 해냈다는 보람도 잠시, 서점 주인 노동값이 이렇게까지 없어도 되는가 싶어 처참한 심정이 되었다. 나 같은 생각을 가진 서점주들의 의견이 반영되었는지 1년 전부터 지역서점활성화 사업을 무사히 끝낸 서점주에게 60만 원이 주어졌다.

  이렇게라도 지원 사업이 있어 한 달에 한 번 서점에서 작가들이 독자를 만나 책 이야기를 나누고 시를 읽고 음악가들이 악기를 들고 와 서점 마당에서 연주를 할 수 있었다. 이제 어떻게 해야 하나? 내 친구의 말대로 문화체육관광부 앞에 가서 머리를 밀고 호소를 해야 할까?

  넘어진 김에 쉬어 간다고 했던가? 2024년 올해는 서점 행사 없이 조용히 지내야겠다 마음먹었다. 그런데 대전〈넉 점 반〉서점 주인으로부터 좋은 소식을 하나 받았다. 얼마 전

방송인 김제동이 에세이 『내 말이 그 말이에요』를 출간했다. 김제동이 제대로 강의료를 받는다면, 우리는 도저히 그를 부를 수 없는 큰 금액이다. 〈넉 점 반〉 주인장이 출판사로 이메일을 보냈고, 김제동이 기꺼이 와 주겠다는 답을 받았단다.

세상에나, 친구의 정보를 듣자마자 나도 출판사에 이메일을 보냈다. '아시다시피 서점 지원 사업이 끊어졌다. 작가 김제동을 만나고 싶다. 우리 서점에 30~40명은 너끈히 불러 모을 수 있다.'라는 내용을 써 보냈고, 그리 어렵지 않게 시골 서점 〈그림책꽃밭〉에 김제동이 오게 되었다. 강의료, 교통비, 식사비 어떤 것도 받지 않는다. 선물도 받지 않는다. 따로 사인할 시간이 없으니 미리 책을 구입하면 사인 하여 보내겠다. 김제동의 에이전시로부터 이와 같은 몇 가지 당부를 받았다.

나는 커다란 도화지에 제동 씨 얼굴을 그려 문 앞에 세우고, 마당에 핀 수선화를 잔뜩 꺾어 꽃병에 꽂았다. 잔칫날 떡이 빠질 수 없어 당진 시장에서 쑥개떡을 사다 놓았다. 진주, 포항, 서울, 홍성, 용인에서부터 당진 시골 마을에 올 손님들을 위해 나는 무어라도 하고 싶었다.

아침 일찍 서점에 쿠키 배달을 온 사장님은 잠시 후 김제동 씨가 온다는 말을 듣고 눈이 동그랗게 커졌다. 그러더니 바로 가게로 돌아가지 않고 서점 모퉁이에 자리를 잡고 앉았다. 시골 서점 주차장이 아무리 넓다고 하지만 자동차 30대를 어떻게 세우나 걱정했는데 남편이 나서서 지인들의 차는 시골 빈집 마당, 밭농사 묵히는 묵정밭에 세우게 했다.

제동 씨는 강연 원고 한 장 없이 한 시간 반을 얘기했고, 우리는 오랜만에 큰소리 내어 실컷 웃었다. 지역 서점 어려운 사정을 잘 아는 제동 씨 덕분에 모처럼 〈그림책꽃밭〉이 사람들의 웃음과 이야기로 활활 타올랐다. 제동 씨가 떠나고 나서도 사람들은 수선화, 복사꽃 핀 4월의 서점 마당에 서서 이야기를 더 나누었다. 책을 읽고 작가를 만나고 이야기 듣는 일이 이렇게 좋다는 것을 우리가 똑같이 경험했다.

이날 이후 〈그림책꽃밭〉은 '김제동이 다녀간 서점'이라는 명예 타이틀이 붙었다. 이날처럼 한 달에 한 번쯤 시골 서점에서 작가와 책 얘기, 사는 얘기를 하고 싶다는 사람들의 바람이 지나친 걸까? 거기에 쓸 나랏돈을 아껴 어디에다 무엇을 하려는 걸까? 서점을 열어 책 행사를 벌이는 서점 주인들의 무해한 열정조차 사그라지면 그땐 어쩔 것인가?

환갑에 먼저 간 정아 씨

2023년 국화꽃 핀 가을날에 부산 〈책과 아이들〉 서점의 정아 씨가 눈을 감았다. 이 시간이 안 오기를 바랐지만 오고야 말았다. 정아 씨 부고를 듣고 당진에서 출발하여 부산으로 가는 먼 길에 고맙게도 남편이 운전을 맡아 주었다. 나는 운전자 옆자리에서 때마침 붉게 해 지는 서쪽 하늘만 바라보며 정아 씨를 생각했다.

지난해 겨울에 이어 올가을 친정 부모님이 차례로 돌아가셨다. 그때 강원도 가는 길은 이렇게까지 막막하진 않았다. 부산 동원의료원 장례식장, 국화꽃 가득한 복도를 지나 안으로 들어가니 영정 사진 속 정아 씨가 웃고 있고, 사진 양쪽에 남편 영수 씨와 네 아이가 처연한 얼굴로 서 있었다. 이 집 식구들은 어쩜 키가 똑같다. 정아 씨까지 있었으면 부모 자식 따로 없이 사이좋은 육 남매로 보였을 것이다. 그러나 지금 여기, 정아 씨가 없다.

환갑을 넘기면, 환갑의 산을 넘으면 장수한다는데, 조금 있으면, 몇 달 참으면 아내가 환갑인데, 그걸 못 기다리고 갔다고, 영수 씨는 아픈 아내 정아 씨 옆에서 정말로 하나도 안 힘들었다고, 정아 씨 만나 자기는 사람 되었다고, 정아 씨 만난 게 영수 씨 인생 최고의 행운이었다고, 영수 씨는 자신 때문에 정아 씨가 더 살지 못하고 간 것 같다고 울며 말했다.

이 소리에 네 아이가 아빠 영수 씨에게 와락 달려들어 "아빠, 아니라고, 아니라고. 그런 말 마요."라며 서로 붙들고 통곡을 했다. 엄마를 잃고 부둥켜안고 우는 모습이 딱 권정생이 쓴 『엄마 까투리』에 나오는 까투리들이다.

정아 씨랑 나는 같은 나이, 용띠이다. 내 첫 책 『그림책에 흔들리다』가 나왔을 때 정아 씨가 〈책과 아이들〉에서 북토크를 열어 주었다. 그 뒤로 자주 만나지는 못했지만 부산, 당진에서 어린이 책 서점을 하는 같은 처지이기에 서로 응원하며 지냈다. 2019년 덜커덕 정아 씨의 유방암 4기 소식을 들었다. 정아 씨는 평소대로 서점 일을 했고, 행사를 열었고, 일을 하면서 최선을 다해 치료를 받았다.

나는 그의 이야기를 직면하기 힘들어 페이스북에 올라오는 정아 씨 병상일지를 외면했다. 어찌 보면 먼저 병을 겪은 내가 달려가 그녀의 이야기를 듣고 위로하는 시간을 가졌어야 했다. 그녀에게 무슨 말을 하나 생각하다가, 해야지 하다가 정아 씨에게 전화 한 통 못 했다. 참 못났다. 씩씩한 정아 씨는 항암 치료를 하는 중에도 하고 싶은 일, 잘하는 일을 그대로 하며 살았다. 정아 씨 옆에는 언제나 하회탈처럼 웃는 남편 영수 씨가 딱 붙어 있었다.

1년 전 여름, 정아 씨는 항암 치료로 빠진 머리에 두건을 쓴 채로 남편과 막내딸과 함께 당진에 왔다. 부산시 지원금을 받아 당진 사는 이담, 김근희 부부 작가의 그림을 부산에서 전시하는 일을 의논하러 온 것이다. 덕분에 우리 서점 북스테이에서 하루 머물렀다. 다음 날 나는 그녀 일행과 동행하여 이담, 김근희 작가 집으로 가 그분들이 그린 설악산 그림들을 찬찬히 보았다. 그 긴 일정을 거뜬히 소화해 내는 정아 씨, 가을 전시를 위해 액자 재료, 그림 이송 방법을 얘기하는 정아 씨를 가만히 바라보았다.
일에 집중하는 정아 씨를 보며 큰 병이 비껴갈 수도 있지 않을까 생각했다. 정아 씨는 자신의 병 소식을 처음 접하고는 변함없이 좋아하는 서점 일을 계속하겠다 다짐했었다. 정아 씨는 다짐처럼 살다가 갔다. 나는 먼저 떠나간 정아 씨를 내 맘속에 간직하고 살아갈 것이다. 언젠가 내게도 같은 순간이 오면 정아 씨가 살았던 방식을 기억하고 흉내라도 낼 것이다. 정아 씨는 정말 잘 살다가 잘 떠나갔다.

부산 〈책과 아이들〉 마당에 있는 동백나무다.
옛이야기 강의를 듣고 나서 정아씨가 만든
비빔밥을 저기 저 나무 아래 앉아 깔깔 웃으며
먹었다. 정아씨와 우리가 사랑하는 시간.

그림책 인생 꽃밭 셋

 우리 마을은 집 몇 채가 드문드문 떨어져 있어 일부러 찾아가지 않고는 서로 얼굴 보기 힘들다. 시골에 와 처음 몇 해는 뒷집, 옆집에 혼자 사는 할머니 집을 다니며 밭에서, 마당에서 이야기를 나누고 커피를 마셨다.
 옆 마을 중흥리에 복지관 건물이 새로 들어서고 동아리가 하나둘 생겼다. 마침 길 건너 사는 이지 작가가 복지관 후원으로 동아리를 만들어 '작심'이라 이름 붙이고 회원을 모았다. 이지 씨 어머니, 이모, 이모 친구까지 4~5명에 나를 더하여 6~7명 여성이 한 달에 두 번 모여 뜨개질하고 컬러링 북에 색을 칠한다.
 같은 지역에 사는 젊은 여성들을 만나 마을 소식을 주고받는 재미가 좋았다. '우리 동네는 김장 준비금이 나왔다. 그쪽 마을에도 나왔는가?' 하는 얘기부터, 무뚝뚝한 충청도 남자 때문에 생기는 웃지 못할 얘기를 나누며 막혔던 속을 풀어낸다. 농사짓는 집 아낙네들이 그렇게 예뻐도 되냐고 칭찬하면, 자기들은 아주 바쁠 때를 빼고 가능하면 논에 나가지 않는다며 밭작물에 욕심내다 보면 무릎, 허리 다 망가지니 밭일을 늘리지 말라고 내게 당부했다. 일리 있는 말이다.

아픈 친정엄마를 병원에 입원시키고 시골집에서 혼자 사는 선희 씨의 안부가 가끔 걱정이다. 그녀 옆에는 껌딱지 고양이 미미와 순한 강아지 뭉치가 있어 서로를 지킨다. 뜨개질하는 중에 낚시터 손님이 저녁으로 닭볶음탕을 주문하면 실을 돌돌 감아 가방에 넣고 바로 일어나 일터로 가는 미경 씨. 아파트에서 혼자 지내는 노모를 위해 날마다 장을 보아 음식을 차려 드리고 오는 쑤니 자매. 복 많은 여자 규옥 씨는 가끔 모임에 나오는 대신 남편과 외국 여행하는 소식을 보내온다. 아, 명자 씨가 몸이 아파 인천 딸 집으로 가 있다. 그녀는 우리와 나누던 카톡방에서 나가 버렸다. 그렇게 하지 않아도 되는데….

여성들은 쉽게 이별하지 않는다. 아프고 슬프게 견뎌 낸 시간을 기꺼이 나누는 삶의 지혜를 가진 사람들이다. 복지관에서 사 준 예쁜 뜨개실이 도착했다. 우리 마을이라는 따뜻한 연대에 기대어 뜨개질하고, 어린 시절 못다 한 그림을 마저 그린다.

순례 씨

♡ ♪ ♡
채소 글·그림 | 고래뱃속 2022

    딸이나 아들 가족을 따라 서점에 오는 어머니들이 있다. 서점 한쪽에서 어린 손주들 노는 모습을 바라보다가 가끔 작은 소리로 "조용히 하렴. 책 보렴." 한다. 딸은 자기 아이를 위한 책을 골라 계산대 앞에 서서 친정엄마 쪽으로 고개를 돌리며 말한다. "엄마, 책 한번 볼래?", "엄마가 맘에 드는 책 골라! 사 줄게!" 어머니는 "내가 무슨 책을, 내가 무슨…." 손사래를 치며 절대로 사지 말라고 한다.

    나는 어머니에게 딱 좋은 책이 있다며 책꽂이에서 그림책 『순례 씨』를 꺼내 와 모녀에게 읽어 준다. "걸어야 혀. 숨길이 트이니께.", "달달한 게 효녀고 가수들이 효자여." 이 대목에서 딸은 깔깔 웃으며 엄마가 트로트 가수 좋아하는 거랑 똑같다고 하고, 어머니는 왜 그림책이 내 얘기를 하는가 싶은 얼굴을 한다.

『순례 씨』를 쓰고 그린 채소 작가는 지금 우리 시골 어르신들의 삶을 애정 가득한 눈으로 관찰하고, 핵심을 잡아 그림책에 담아냈다.

내가 알고 지내는 우리 동네 순례 씨들도 그렇다. 집 앞 텃밭을 평생직장이라 여기며 밥 먹는 일처럼 숨 쉬는 것처럼 밭을 아끼고 가꾼다. 마을회관에 모여 노래를 배우고, 수지침을 맞고, 새치를 염색한다. 순례 씨들은 여태껏 몸을 놀려 일하는 스스로를 대견해한다. 나도 순례 씨처럼 살다가 『순례 씨』같은 그림책 하나 쓰고 싶다.

시인 아저씨, 국수 드세요

♡ ♧ ♡

신순재 글 | 오승민 그림
천개의바람 2022

우리 집 맞은편에 남편과 동갑인 편동범 아저씨가 산다. 아저씨가 결혼하지 않고 혼자 사는 터라 우리 부부와 자주 뭉친다. 맛있는 음식을 먹을 때, 막걸리를 먹을 때 둘보다는 셋이 먹는 맛이 더 좋다.

언젠가 방송국에서 서점 주인이 이웃과 지내는 장면이 필요하다며 동범 아저씨에게 그림책을 읽어 주란다. 그때 이 그림책을 읽었다. 마침 밖에는 겨울비가 내리고 남편이 벽난로에 장작을 넣어 빨간 불꽃이 배경이 되어 주었다.

신순재 작가가 시인 백석에게 꿩고기 얹은 메밀국수 한 사발 대접하고 싶은 마음으로 글을 쓴 그림책이다. 음식이란 무엇인가? 음식은 사람을 만나게 하고, 사람을 그리워하게 한다. 음식 이야기는 꼬리에 꼬리를 물고 끝없이 이어진다.

타오 씨 이야기

🌱🌿🌱
장재은 그림책 | 사계절 2024

    책장을 넘기며 나도 몰래 가슴이 졸아든다. 공장에 갑자기 단속반이 오지는 않을까? 혹시 타오 씨가 사고를 당하지는 않을까 걱정하며 그림책을 본다. 다행히 겁먹은 눈동자의 타오 씨는 무사히 공장 일을 마치고 딸아이와 함께 저녁을 먹는다. 타오 씨처럼 합법적 조건을 가진 외국인 노동자들도 말이 잘 통하지 않으니 늘 불안하기만 하다.

    외국인 여성이 한국에서 착한 부인, 일 잘하는 며느리로 살아가는 모습을 방송에서 많이 보여준다. 그에 비해 이들이 처한 어려움을 알 수 있는 매체들은 턱없이 부족하다. 당진에도 러시아, 우즈베키스탄, 베트남, 몽골 아이들이 우리와 함께 지낸다. 일하는 부모를 따라 온 이 아이들은 어떤 마음일까? 하루하루 행복한지 궁금하다.

4장
그림책꽃밭에 살다

엄마를 요양원에 모시며

육 남매가 길동 친정집에 모였다. 길동 집에는 올해 여든 넷 동갑인 친정 부모님이 사신다. 다리를 쓰지 못하는 엄마는 삼사 년째 안방에 있는 병원 침대에 누워 지낸다. 엄마가 요즘 밥을 안 드신다. 엄마를 혼자 보살피는 아버지는 엄마가 밥을 안 먹는 것도 걱정이고, 엄마를 부축하여 화장실 다녀오는 것도 힘겨워 더는 못 하겠단다.

엄마는 그런 아버지를 이해할 수 없다고 했다. 엄마는 지금 몸이 불편할 뿐 과거 일을 대체로 또렷하게 기억하고 있다. 하루 중 반은 주무시고 반은 갖가지 지난 일을 재료 삼아 엄마만의 상상을 만들어 냈다. 엄마는 집에서 살다가, 아버지 옆에서 죽고 싶다고 몇 번이나 말했다.

오늘 엄마 침대를 둘러싸고 서 있는 육 남매의 마음이 똑같이 착잡하다. 강원도에서 미장원 하는 둘째 언니는 노인 손님을 많이 대해서인지 엄마 말을 흘려듣지 않고 엄마가 알아들을 수 있게 잘 대답하려 애썼다. 언니는 엄마 옆에 나란히 앉아 양팔로 엄마를 껴안고 엄마 가까이 얼굴을 대고 다시 한번 아픈 사실을 말했다.

"엄마, 아버지가 도저히 못 하시겠다잖아.
아버지도 엄마랑 같은 팔십 넘긴 노인이야.
엄마, 아버지 좋아하잖아.
아버지를 편안하게 해주자, 엄마."

엄마는 당신이 지금 어쩔 수 없는 상황에 놓였다는 걸 알겠다는 표정이었다. 결심을 굳히기 전 마지막 확인을 하려는 듯 아버지를 쳐다보며 명령같이 말했다. "할아버지, 내 앞에 와서 앉으시오. 내가 똥을 싸서 벽에 칠하기를 해요, 당신을 괴롭히길 해요? 가만히 누워만 있는 나를 왜 요양원에 가라는 거요?" 잠시 힘든 침묵이 이어졌다. 피할 수 없는 상황에서 아버지는 차마 엄마를 바라보지 못하고 허공에다 대고 말했다. "나는 못 해. 뭐 아무거나 먹기만 해도 괜찮지. 먹지도 않고 성질내고 그러다 덜컥 쓰러져 죽으면 나 혼자 어째? 난 못 해."

울고 있는 엄마를 안은 둘째 언니가 엄마보다 더 굵은 눈물을 흘렸다. "엄마, 요양원이 집 가까운 길동사거리에 있으니 아버지가 엄마 보러 자주 갈 거야. 또 엄마가 거기서 좋아지면 집에 다시 올 수도 있는 거야." '길동사거리'라는 말이 엄마 마음을 움직였다. 엄마에게 길동사거리는 집 앞마당처럼 친숙한 곳이고, 한달음에 갈 수 있는 가까운 곳, 또 반가운 소식을 주는 거점이었다. 자식이나 손주들이 엄마 집에 거의 도착했을 때 전화하여 "길동사거리까지 왔어요.", "길동사거리에서 걸어가요.", "길동사거리에 있는 고깃집에서 만나요." 했으니까.

서울살이, 셋방살이를 10년 넘게 하며 옮겨 다니던 엄마가 처음으로 마련한 이 집을 떠나 요양원으로 갈 맘을 먹어야 했다. 며칠째 밥 한 숟가락 안 뜨던 엄마가 냉면이 먹고 싶다고 했다. 우리 중 누군가가 급하게 동네 중국집에 전화하여 냉면을 식구 수대로 시켰고, 엄마는 침대에 앉아 엄마 몫의 냉면 한 그릇을 뚝딱 드셨다.

엄마는 직감으로 알았을 것이다. 이번에 요양원에 가면 이 집에 다시 돌아올 수 없다는 것을. 엄마는 한쪽으로 쏠려 뭉쳐 있는 뒷머리를 손으로 움켜쥐며 둘째 언니에게 바짝 깎아 달라고 했다. 둘째 언니가 엄마를 목욕탕으로 데려가 목욕 의자에 앉혀 놓고 머리를 짧게 깎았다. 엄마는 피곤하여 잠을 청하고 우리는 그사이 헤어져 집으로 왔다.

우리가 모여 무슨 짓을 하고 온 것인가. 나는 무거운 마음을 어쩌지 못하고 요양원에 들어가는 엄마에게 편지를 썼다. 엄마는 학교 문턱에도 못 갔다. 70년대 강원도에서 서울로 올라오자마자 내가 국민학교에 입학했고, 그때 엄마는 내 등 뒤에서 한글을 배웠다. 나중에 엄마를 만나러 요양원에 가면 엄마가 글을 읽는 몇 안 되는 분이라고, 요양보호사들이 말했다. 엄마가 내 글을 읽을 수 있어 다행이다.

엄마, 미안해요.

엄마가 좋아하는 길동 집을 떠나 심심하고 외로운 요양원에 있게 해서 미안해요.

엄마는 아버지랑 서로 사랑하며 좋은 부부로 살았어요. 딸 넷, 아들 둘, 모두 여섯을 낳아 아픈데 모난 곳 없이 잘 키웠어요.

엄마 딸로 태어나 더 사랑받고 싶어 투정 부리고 어깃장 놓다가 시집왔어요. 사는 동안 엄마를 많이 안아 주지 못했어요. 그게 정말 후회되어요.

엄마가 낳은 육 남매, 손자 손녀 또 새로 태어난 아기들까지 모두 엄마가 있어서 태어난 목숨입니다.

엄마, 엄마가 처음으로 장만한 길동 '금란 연립'에서 엄마, 아버지는 물론 출가한 우리도 참 좋았어요.

엄마, 어두운 요양원에 혼자 누워 심심한 하루하루를 보낼 엄마를 생각하면 맘이 아파요.

엄마가 좋아하는 아버지가 엄마를 보러 병원에 가면, 엄마는 많이 울겠지? 만났다 헤어질 때도 또 울겠지?

엄마는 아버지를 좋아하니까. 아버지랑 헤어지는 게 제일 싫을 거야.

엄마, 엄마! 우리가 엄마 보러 갈게요.

사랑합니다.

- 막내딸 유정 엄마 올림

친정엄마 돌아가시고 엄마가 쓰던 바느질, 재봉도구들은 모두 나에게로 왔다.

혼자 부르는 아버지 노래

서점 휴무일을 맞아 친정집에 아버지를 보러 갔다. 친정 엄마를 요양원에 보내고 혼자 생활하는 84세 아버지는 취미 생활이 없다. 엄마가 요양원에 입원한 지 얼마 안 되어 셋째 언니와 나는 아버지를 모시고 집 가까운 길동에서부터 천호동, 명일동 노인복지관을 다니며 아버지가 할 만한 프로그램을 찾아 보았다. 막상 물어보니 수영, 노래 교실은 대기자가 너무 많아 가고 싶어도 갈 수 없는 상황이었다. 게다가 아버지는 수영도, 노래도 싫다며 무조건 나중에 하겠다고 미루었다. 다행히도 아버지는 딱히 즐거운 일, 언짢은 일도 없다는 듯이 하루하루를 불만 없이 지냈다.

일주일에 한 번씩 들러 아버지 살림을 돌보는 미아리 큰언니 덕분에 28평 연립주택은 먼지 하나 없이 깔끔했다. 집에 들어서자마자 아버지에게 "소고기 드실래요?" 하니 아버지는 그러자고 했다. 길동 시장으로 가 소고기와 채소와 버섯을 조금씩 샀다. 아버지와 식탁에 마주 앉아 고기를 굽고 아버지는 막걸리, 나는 맥주를 마셨다. 아버지와 나는 똑같이 이가 안 좋아 음식 씹는 속도가 비슷했다. 아버지가 우리 집 딸 시집 안 보내냐고 물었고, 요즘에는 결혼보다 꼭 하고 싶은 일을 하고 사는 여자가 많으니 아버지도 그런 줄 알고 걱정 마시라고 대답했다.

아버지가 국가를 위한다면 그렇게 결혼 안 해서 쓰겠냐 했다. 나는 일부러 화제를 돌려 "아버지, 이번 선거에서 어느 당을 찍을 거야?" 하고 물었다. 대답이 없길래 아버지를 보니 얼굴에 술기운이 올라 졸고 계셨다. 아버지를 안방 침대에 눕게 하고 나는 마루에 누워 텔레비전을 보았다.

막내딸이 와서 거실을 훤하게 불 밝히고 있으니 아버지는 오늘 밤 외롭지 않게 잠이 드시겠다. 꿈인가? 문을 열어 놓은 안방 쪽에서 아버지 노랫소리가 흘러나온다. 우물우물 흥얼흥얼 흘러나오는 가락은 아버지 애창곡 〈울고 넘는 박달재〉다.

친정식구 모임이나 가족 행사에서 "다음은 우리 아버지 애창곡을 듣겠습니다." 하면, 아버지는 기다렸다는 듯 일어나 이 노래를 불렀다. 누군가 빈 병에 숟가락 꽂은 마이크를 만들어 아버지 손에 쥐어드리고, 나머지 식구들은 아버지 노래 리듬에 맞춰 느리게 떼창을 했다. 그래, 우리에게 그런 시간이 있었지.

아버지는 강원도에서 서울로 와 줄곧 버스 기사로 일했고 나중에는 레미콘을 운전했다. 60년 넘게 운전만 했다. 콘크리트를 실은 레미콘을 운전하여 서울, 경기 건설 현장을 많이 다닌 아버지는 당진 가는 차 안에서도 창밖을 내다보며 과거로의 시간 여행을 하곤 했다. "저기, 저 다리 만들 때는 우리가 시멘트를 엄청나게 갖다 부었지. 저 아파트 단지 처음 만들 때도 내가 왔었지."

아버지는 60여 년 동안 한결같이 새벽에 일어나 현장에 나가 일을 하고, 집에 와 잠자는 평범하고 성실한 노동자로 살았다. 아버지의 남다른 습관은 잠들기 전에 머리맡에 놓여 있는 공책을 펼쳐 그사이에 끼어 있는 볼펜으로 일기를 썼다는 것이다. 마치 일기 쓰기를 처음 배운 초등학생처럼 몇 시에 일어났고, 현장 어디에 가서 시멘트 두 차를 부리고 몇 시에 돌아왔다 하는 간단한 사실을 기록했다. 훔쳐볼 마음이 별로 안 생기는 일기였다.

80년대 어느 날, 아버지에게 강남 경찰서에서 신호 위반 벌금 고지서가 날아왔다. 고지서에 적힌 날짜의 일기장을 뒤져 보니 아버지는 그날 레미콘을 운전하여 다른 곳을 다녀왔다. 어떻게 이 사실을 증명하나 고민하던 아버지는 일기장을 가지고 경찰서로 찾아갔다. 경찰관은 아버지 일기장을 보더니 감시 카메라에 찍힌 차량 번호판의 6을 옮겨 적는 과정에서 9로 적었다며 사과하고, 다시 한번 아버지 일기장에 존경을 보냈단다.

아버지는 당진 우리 집에 어쩌다 오셔도 조금 걷거나 앉아 있다가, 좋아하는 막냇사위랑 막걸리 한잔한 뒤 내내 잠을 잤다. 다음 날이 되면 대중교통 타고 다니는 연습을 해야 한다며 동서울 터미널에 가는 버스를 타고 떠났다. 혼자 버스에 올라타는 아버지 뒷모습이 쓸쓸하고 미덥지 않아 속상했으나 나는 "도착하면 전화하세요."라는 말만 두 번, 세 번 하고 돌아설 수밖에 없었다.

감자바우 딸 감자꽃

아버지는 37년생. 작가 권정생과 같은 나이다. 아버지는 강원도 정선 예미 출신이다. 어릴 때 사북 탄광으로 가 트럭 운전사 옆에서 조수로 일을 거들다 운전을 배웠다. 산에서 캔 탄을 트럭에 담아 사북 기차역까지 실어 날랐다. 아버지는 군대에 갔으나 이가 아파 밥을 못 씹고 눈물을 흘리는 바람에 군대를 면제 받아 집으로 돌아왔다고 한다.

아버지 나이 열여덟 살에 엄마랑 결혼하여 딸 넷, 아들 둘을 낳았다. 그때 1970년대 우리나라는 산업화가 시작되어 사람들이 일자리를 찾아 서울로 서울로 올라갔다. 우리 아버지도 그 가운데 한 사람이었다. 아버지는 서울 버스 회사에 버스 기사로 취직했다.

부모님은 여섯 아이 중 네 아이는 강원도 할아버지 집에 두고, 젖먹이 막내아들과 곧 국민학교 들어갈 일곱 살 나를 데리고 도시 변두리에 셋방을 얻었다. 방이 하나 있고, 방문을 열고 나가면 흙바닥 부엌이 있는 집이었다. 엄마는 눈 뜨고 코 베인다는 서울이 무서워 막내를 안고 방 안에만 있었다. 나는 주인집 두 딸과 어울려 마당과 골목을 오가며 조심조심 소리 없이 놀았다.

엄마는 서울 좁은 셋방에서 젖먹이 막내를 안고 일하러 간 아버지만 생각하고, 아버지 오기만을 기다렸다. 엄마는 좁은 부엌 바닥에서 한약을 달여 베보자기에 비틀어 짠 약물을 보온병에 넣은 다음, 나를 시켜 아버지에게 갖다드리라고 했다. 아버지 직장은 사람들이 '버스 종점'이라 부르는 205번 버스 회사였다. 집에서 20분쯤 걸어가면 시커먼 기름때가 배어 있는 광장 같은 버스 종점이 있었다.

나는 몽실이 같은 상고머리를 하고 버스 종점 대합실에 앉아 아버지를 기다렸다. 아버지는 종점에 도착하여 마지막 손님까지 내려놓은 뒤 적당한 자리에 버스를 세우고 시동을 껐다. 화장실 한 번 다녀온 뒤에 버스 안내양과 함께 다시 버스에 올라 출발했다. 내가 한약 보온병을 든 채 대합실 의자에서 깜빡 잠이 든 날에는 종점에 들어온 아버지를 못 만날 때가 있다. 그럴 때면 나는 맥없이 3시간 남짓을 기다려 '한 탕을 뛰고' 온 아버지께 한약을 건넸다.

버스 회사 운전기사와 안내양들은 날마다 대합실에 앉아 아버지를 기다리는 어린 여자아이를 '감자바우 딸'이라 불렀다. 그때는 바위투성이 척박한 땅 강원도에 사는 사람들은 감자나 먹는 가난한 촌사람이라는 뜻을 담아 '강원도 감자바우'라고 놀리곤 했다. 대합실에 들어온 아버지는 막내딸인 내게 "왔나?", "가라!" 한마디 없이 내 손에 있는 보온병을 가져가 한약을 단숨에 마시고 다시 빈 병을 돌려주었다. '고맙다.', '수고했다.' 이런 말은 그 시대 우리 아버지들 머릿속에는 없었다.

난 버스 회사 대합실에서 귀따갑게 들었던 '강원도 감자바우'란 말이 두고두고 싫었다. 강원도도, 무지한 엄마 아버지도 싫었다. 공부 안 하고 공장 다니고 일찍부터 기술 배운 언니들이 내 언니라는 사실도 모두모두 부정했다. 서울 아이들 속에서 나는 거짓말을 일상으로 짜맞추고 머리 굴리며 자라났다.

결혼하고 아이 엄마로 살면서 어린이 책을 읽고 글을 썼다. 나는 누구고 어디에서 왔는가를 인정하지 않고는 좋은 글을 쓸 수 없었다. 어느 날 권태응의 시 〈감자꽃〉을 보고 홀랑 외워 버렸다. 내가 생각하는 부끄러운 강원도 감자를 완벽하게 뛰어넘게 해주는 시였다. 그때부터 나를 감자꽃이라 불러 주기로 했다.

자주 꽃 핀 건 자주 감자,
파 보나 마나 자주 감자.

하얀 꽃 핀 건 하얀 감자,
파 보나 마나 하얀 감자.

100일 추모 집회

 2022년 10월 29일 이태원에서 그 일이 있고 나서 100일이 지났다. 〈10. 29. 사태 100일 추모 집회〉에 가기 위해 서점 앞에 휴일 공지를 붙이고 광화문으로 갔다. 그날 유명을 달리한 젊은이들과 가족들에게 빚진 맘으로 살다가 어젯밤 라디오에 출연한 유가족 대표의 울먹이는 목소리를 듣고는 '가야겠다' 결심했다. 집회 시작보다 40분이나 늦게 광화문에 도착하여 허겁지겁 집회 자리를 찾았다.

 분명히 집회는 광화문 이순신 광장, 오후 2시라 했는데 어떻게 된 일인지 광장에는 경찰들만 가득했다. 혼자 집회에 간 나는 정보를 몰라 핸드폰을 들여다보다가 한참 뒤에야 소식을 알아냈다. 서울시가 국민 안전을 걱정하여 100일 추모 집회를 허가하지 않았단다. 소가 웃을 일이다. 정부가, 서울시가 '국민 안전'이라는 말을 아무렇지 않게 하는구나.

나는 광화문 사거리에 서서 잠시 고민했다. '이대로 집에 가야 하나? 그래, 가야지. 어쩌겠는가?' 사거리 신호등이 몇 번이나 빨간불, 파란불로 바뀌는 동안에도 나는 갈 길을 정하지 못하고 한참 서 있었다. 광화문 사거리에서 덕수초등학교 쪽으로 난 길로 꺾어 들어 덕수궁 길을 걸었다. 시청역에서 고척동 아들아이 집에 가는 600번 버스를 타야겠다 마음먹고 걷는데, 시청 광장 쪽에서 요란한 소리가 들렸다.

앗! 빨간 목도리를 두른 사람들과 그들을 에워싼 군중들. 딱 봐도 10. 29. 추모 집회였다. 나는 서둘러 그 대열에 들어가 자리를 잡고 앉았다. 광화문에서부터 밀려난 행사 주최 측은 시청 옆 도로 한쪽에 겨우 자리를 잡고 간단한 프로그램을 진행하고 있었다.

2022년 10월 29일에 정확히 159명이 어처구니없는 사고를 당해 고인이 되었다. 정확한 사고 원인이나 해결 과정을 듣지 못한 국민은 궁금하고 답답할 수밖에 없다. 국가는 오늘처럼 고인들을 추모하는 작은 행사조차 도와주지 않을 뿐더러 훼방 놓는 것으로 보였다.

오늘에서야 나는 죽은 이들 얼굴을 처음으로 보았다. 하나같이 예쁘고 젊다. 사회에서 자기 일을 찾아 시작하느라 들뜬 에너지로 가득 찬 젊은이 159명, 평균 나이 27세. 우리 집 두 아이와 비슷한 또래가 많았다. 학교를 졸업하고 군대를 다녀와 용기 내어 사회로 첫발을 내디딘 사람들이다. 일하고 싶고, 돈 벌고 싶고, 실컷 놀고 싶고, 사랑하고 싶은 아이들이었다.

노래하고 춤추고 어울리며 가장 아름다운 시간을 누려 마땅한 이 젊은이들이 왜 이 지경이 된 것일까? 영상 속에서 한껏 웃고 있는 이들의 얼굴을 보고, 사람들은 사회자를 따라 겨우 이름 석 자를 슬프게 불러줄 뿐 할 수 있는 일이 없었다. "○○○ 기억합니다.", "○○○ 기억합니다."

이어서 가수 리아 씨가 고인과 그들의 남은 가족을 위해 만든 슬픈 노래를 불렀다. 사랑하는 자식을 먼저 보내고 눈물 흘리고 있을 엄마 아빠에게 당부하는 마음을 담은 노래다. "울지 말아요. 내가 그립거든 노래를 불러요." 살아 남은 사람들은 말로 다 할 수 없는 마음을 음악과 노래를 빌어 또 한 번 슬퍼하고 애도한다.

살아가는 것의 연장선에 죽음이 있다고 배웠다. 그러나 그 죽음은 이유 있는 죽음이다. 나이 들고 병 들고 사고가 나는 등의 이유로 우리 모두는 죽을 수 있다. 산 사람들은 죽은 이를 잘 보내기 위해 장례식을 치른다. 애도를 위한 최소한의 예식이다. 이번에 죽은 사람들은 왜 죽었는지조차 밝혀지지 않았기 때문에 그다음에 따라오는 모든 것이 온전하지 않다. 우리 안에 있는 이 답답함과 화를 해결하지 않고 어찌 애도를 할 수 있단 말인가.

행사장 바로 옆에 임시분향소가 차려져 있었다. 죽은 것도 억울한 터에 왜 임시분향소인가 말이다. 유가족이 먼저 분향하기를 기다렸다가 시민들이 뒤따르기로 했다. 세상에나! 꽃 한 송이 없는 초라한 분향소라니. 사고 직후 159명의 이름과 얼굴을 모두 가려 놓은 애매한 분향소에 대통령 부부가 서둘러 꽃을 바치고 돌아갔다. 죽은 이들의 눈과 얼굴을 마주칠 용기조차 없는 사람들이다.

나는 분향소 대열을 벗어나 급하게 교보문고가 있는 광화문 쪽으로 달려갔다. 걷다가 뛰다가 정신 나간 여자처럼 중얼거렸다. "꽃 한 송이, 촛불 하나 없는 분향소라니. 그건 말도 안 되지."

지하에 있는 교보문고로 내려가 아동 코너에서 그림책 『강아지똥』을 골랐다. 별을 소망한 강아지똥처럼 별이 되어, 별이 되어…. 그런데 막상 표지를 보니 강아지가 똥을 누고 있는 그림이라서 아쉬웠다. 패스!

윤여림, 안녕달의 그림책 『우리는 언제나 다시 만나』를 집어 급히 계산하고 다시 시청 쪽을 향해 바삐 걸었다. 분향소에다 노랗고 밝은색 표지를 한 그림책을 놓아 주고 싶은 마음으로 가져왔으나 하필 제목이 『우리는 언제나 다시 만나』다. 영원히 다시 만날 수 없는 곳으로 자식을 떠나보낸 가족들이 이 제목을 보고 또 한 번 슬픔에 빠지지는 않을까?

아이들은 태어나면서부터 크고 작은 헤어짐을 반복한다. 어린이집을 처음 다니기 시작한 아이가 현관 앞에서 부모와 잡은 손을 놓지 못해 울먹일 때 어른들은 "이따 만나자." 하고 말해 준다. 날마다 헤어지고 만나는 일상을 반복하다 보면, 아이는 '아! 헤어지지 않는구나, 다시 만나는구나.' 하는 믿음을 갖는다. 아이는 나이를 먹고 성장하면서 집을 떠나 더 멀리 갈 수 있고, 더 오래 헤어져도 불안해하지 않게 된다. 결국엔 다시 돌아와 만날 테니까.

"오늘 친구 만나 놀다 보면 많이 늦어요. 기다리지 말고 자요.", "내가 친구들이랑 가는 여행을 얼마나 기다렸는지 엄마는 알지? 나, 잘 갔다 올게."

우리가 일상에서 흔히 나누는 대화다. 친구 만나 놀다 오는 일, 여행 갔다가 돌아오는 일은 그저 삶의 평범하고 작은 부분일 뿐이다. 우리 모두 그런 줄 알았다. '언제나 다시 만나'야 할 159명 목숨이 다시 만날 수 없는 곳으로 가 버렸다.

사고 100일이 지나도록 정확한 사고 원인조차 알지 못한 채 유가족들은 발만 굴렀다. 오늘처럼 죽은 목숨을 애도하는 최소한의 추모 자리조차 국가는 허락하지 않겠단다. 집회에 참석한 시민들은 돌아가고 분향소 앞에는 유가족만 남았다. 집회와 상관없이 길을 지나는 시민들이 분향소를 보고 그냥 지나치지 않고 줄을 서 기다렸다가 묵념을 했다.

"집에 있으면 뭐 해. 아무것도 손에 안 잡히니 여기 나와 종일 이러고 있지." 내 또래로 보이는 아버지 유가족이 하는 말소리가 나를 움직였다. 나는 필통에서 펜을 꺼내 가져간 그림책 표지에 몇 자 적었다. "미안해요, 우리가 기억해요. 그대들의 죽음, 가족들의 눈물을 위로해요." 분향소에 노란 표지 그림책 『우리는 언제나 다시 만나』를 세우고, 그 옆에 내 장갑을 벗어 놓고 돌아왔다. 몸도 마음도 천근만근이다.

서점 사용 설명서

"교감 선생님네 초등학교 아주 가까이에 〈그림책꽃밭〉 서점이 있습니다. 서점 이름을 검색하면 서점 풍경을 볼 수 있습니다. 어린이들이 서점에 오면 그림책도 보고 다양한 체험도 할 수 있습니다."

서점을 차리고 나서 용기를 내어 가까운 초등학교에 전화를 걸어 '영업'이라는 걸 했다. 어린이들이 체험 학습을 위해 딸기밭이나 미술관에 가는 것처럼 가까운 그림책 서점에 오면 좋겠다고 말했다. "알았습니다. 아, 알았습니다." 내 말을 듣고 급히 전화를 끊는 건너편 교감 선생님 목소리는 마치 책 팔아 달라는 영업사원 부탁을 거절하는 느낌이었다. 물론 그건 나만의 생각이겠지만, 나는 아직 때가 아닌가 보다 생각하며 무안한 마음을 얼른 떨쳐 냈다.

그러던 어느 날부터 초등학교 아이들이 단체로 서점 체

험을 오기 시작했다. 따로 광고를 하지 않았으나 그림책이나 서점에 관심 많은 담임 선생님들이 지역에 새로 생긴 〈그림책꽃밭〉 서점을 찾아내어 반 아이들을 데려온 것이다. 다녀간 선생님들이 〈그림책꽃밭〉 주인장이 작가이고, 작가가 그림책 읽어 주는 시간이 특별하다고 소문을 냈다.

우리 서점은 체험비를 따로 받지 않는 대신 1인 1책을 사야 한다. 학교에서 단체로 서점에 오면 아이들에게 좋은 점이 참 많다. 무엇보다도 아이들은 누구의 간섭도 없이 자유롭게 책을 보고 사 갈 수 있다. 초등학교 1학년 아이가 영유아 그림책 코너 앞에 서서 『달님 안녕』, 『두드려 보아요』 같은 그림책을 만지작거릴 때가 있다. 거기는 더 어린 아기들 책을 모아 둔 곳이라고 말해도 꼼짝 않고 서서 그림책 한 권을 골라 품에 안는다. 이럴 때 더는 아이의 선택을 말리지 않는다. 반대로 제 나이 또래 책보다 훨씬 어려운 책을 고른 아이에게 "너, 그거 읽을 수 있겠냐?"고 물으면 "전 그냥 이 책이 좋아요."라고 한다. 역시 이 아이의 선택을 존중한다.

만일 이 아이들이 부모를 따라 서점에 왔다면 이러한 풍경은 가능하지 않다. 엄마들은 책 한 권 사 주면서 아이에게 무엇인가를 원하고 약속하고 다짐까지 받는다. 아이가 어린이집에서 본 그림책은 사면 안 되고, 아이가 그림책을 가져오면 왜 골랐는지 그 이유를 말해야 한다. 거기다가 계산하고 난 책은 집에 가서 열심히 볼 것을 약속해야 한다.

〈그림책꽃밭〉을 준비하면서 서점에서 그림책 보는 가족을 흐뭇하게 바라보는 주인 모습을 상상했다. 부모들이 아이들에게 책을 읽어 줄 수 있는 공간을 특별히 넓게 만들었고, 좋은 그림책을 5천 권 넘게 꽂아 놓았다. 그러나 엄마들은 새 책 코너에 비치된 새 그림책을 아이에게 보여주고 싶어 한다. "새 책은 구입 후에 봅니다.", "새 책은 조심해서 봐 주세요." 이런 부탁 속에는 서점 주인의 말 못 할 사정이 담겨 있다. 서점에서는 새 책이 나오면 2~3권 구매하여 손님이 깨끗한 책을 사 갈 수 있도록 잘 관리한다. 새 책 코너에 서서 책 표지를 활짝 열거나 가운데 부분을 누르며 아이에게 읽어 주는 부모를 보면 서점 주인 속이 타들어 간다. 자기 아이를 사랑하고 아끼는 마음의 1퍼센트라도 떼어 서점 주인 처지를 생각해 주면 안 될까?

부모들은 서점에 와서 내 아이에게 새로 나온 그림책을 많이 읽어 주는 것보다 더 중요한 일이 무엇인지 생각해야 한다. 거대한 온라인 서점의 할인, 굿즈, 빠른 배송 시스템에 비하면 지역 서점의 규모와 서비스는 초라하기 그지없다. 그러나 다리품을 팔아 서점에 온 손님들은 손으로 직접 책을 만져 보고 책을 훑어볼 수도 있다. 특히 아이와 함께 온 부모들은 그림책 앞에서 보이는 아이의 갖가지 재미난 반응을 볼 수 있다. "엄마, 이거 우리 유치원에 있는 그림책이야. 엄마, 나 이 책 사 줘! 나 백희나 작가 책 좋아해!"

아이의 이런 말을 들으면 서점 주인조차 하던 일을 멈추고 아이를 다시 한번 보고 싶어진다. 뭐지? 벌써 독서 취향이 생긴 아이, 좋아하는 작가가 생긴 이 아이는 누굴까? 그런데 정작 부모들은 나만큼 아이의 말을 진지하게 듣지 않는 눈치다. 아쉽다.

부모를 따라 서점에 온 아이 역시 서점에서 부모가 하는 행동, 서점 주인과 나누는 이야기를 듣는다. 부모가 책을 대하는 진지한 태도는 물론, 좋아하는 책을 기꺼이 사는 모습을 아이는 보고 배운다. 아이가 커서 어릴 때 자주 다니던 서점 하나를 기억하고, 책을 기꺼이 사 읽는 사람으로 자라기를 원하는가?

30~40분 서점에 머물며 책 보고 놀던 가족이 떠날 때쯤 손님과 주인 사이에 이상한 기류가 흐른다. 손님은 최대한 책을 덜 사려고 애를 쓰고 주인은 말하나 마나 그 반대다. 어떤 엄마는 새 그림책을 들춰 보다가 아이에게 의견을 묻다가 정작 아이가 원하는 책을 골라 오면 그건 이미 한번 본 책이라 안 된다 한다. 결국 살 만한 책이 없어 곤란하다는 얼굴을 한다. 아이는 책에 관심 없다는 듯이 신발을 신고 서점 내부를 종횡무진 휘젓고 다니며 "빨리 가자, 엄마!"라며 떼를 쓴다. "자기야! 보고 싶은 책 없어?" 아내는 핸드폰만 들여다보는 남편 쪽으로 고개를 돌려 구원 요청을 했고 곧바로 남편이 대답했다. "나? 아니! 내가 책 읽을 시간이 어딨어?" 그 소

리에 나는 그만 민망했다.

젊은 아빠에게 책 읽을 여유조차 없는 나라. 그런 세상에서 내가 책을 팔아 보겠다고 이 난리를 치는구나. 허망해라. 책 한 권 사지 못한 채 실랑이하는 엄마 아빠를 기다리지 못하고 아이는 이미 서점 문밖으로 나갔고, 아이 엄마는 마지못해 고른 그림책 한 권 값 10,500원을 계산했다.

힘들다. 많이 힘들다. 서점 하는 친구에게 전화하여 손님 흉을 볼까 하다가 그만두었다. 마음이 더는 쓸쓸해지고 싶지 않다. 그날 이후 나는 서점 들어오는 문에 이렇게 써 붙였다.

"서점에 들어오는 인원수만큼 책을 사 주세요. 서점 운영을 위해 협조해 주세요. 고맙습니다."

교실에서 만난 고등학생

'그림책 전문가, 그림책 서점 운영자'라는 이름으로 당진에 있는 한 고등학교 교실에 들어가 학생들을 만났다. 학생들이 학교 밖 현장에서 일하는 전문가에게 자세한 직업 이야기를 듣는 특별한 시간이었다. 충남에 있는 대학교수는 물론 의상디자이너, 컴퓨터공학자, 메이크업 아티스트, 파티셰, 연극인, 약사, 유아교육가, 방송작가가 이 수업에 참여했다. 내 수업을 듣는 학생들은 그림책 전문가에 대한 아무런 기대 없이 왔다. 나중에 웹툰 작가가 되고 싶어 하는 몇 명 말고는 다른 수업이 마감되어 할 수 없이 온 학생들이었다. 학생들이 그림책 직업 세계에 관심은 없지만, 그림책 이야기는 좋아할 것이라 믿고 교실로 들어갔다.

아! 먼저 학생들에게 '사람 책'을 풀어내야 하는 시간이다. 내가 어떤 과정을 견디고 어떤 노력으로 이 길을 걸어와 지금 전문가인 어른으로 살고 있는지 마치 한 권의 책처럼 말하는 시간이다. 나의 고등학생 시절은 친구들과 어울려 놀았던 시간을 빼면 행복하지 않았다. 집 안에서 사랑받지 못하고, 학교에서 선생님들에게 인정받지 못하니 늘 얼굴이 어두웠다.

그런 나에게도 잘해 보고 싶은 마음이 있었나 보다. 문을 열고 집 밖으로 나오면 일부러 명랑하고 밝은 사람으로 변신하여 지냈다. 그러다 보니 어느 순간 다른 이들에게 '재미난 사람'으로 불리고 있었다. 가끔, 아주 가끔, 그런 나를 부럽게 바라보는 친구가 있었고, 예뻐해 주는 선생님이 있었다. 나는 그 사람들을 실망시키고 싶지 않았다. 모처럼 나에게 온 관심과 사랑을 놓치지 않으려 애쓰고 노력했던 것 같다. 학생들에게 내 사람 책 이야기가 잘 전해졌는지 모르겠다.

학생들과 함께 그림책 『달 밝은 밤』, 『오리건의 여행』, 『쿠사마 야요이: 점, 무한의 세계』, 『헨리의 자유상자』를 보았다. 작가 권정생의 삶을 얘기하고, 이어 『강아지똥』을 보았다. 오늘 본 그림책 속에 나오는 주인공들은 하나같이 세상에 올 때 작은 행운조차 갖지 못했다. 가난한 가정의 소녀, 서커스단에서 빨간 코를 붙이고 재주를 넘는 난쟁이, 어릴 때부터 환각증에 시달리던 화가, 미국에서 노예로 태어난 흑인 헨리 그리고 전쟁 시대에 태어난 권정생이 그랬다. 다행히 그림책의 이야기는 너무 슬프거나 비극으로 끝나지 않는다. 그림책들이 매 장면마다 멋진 그림과 간결한 이야기로 구성되어 학생들의 마음을 흔들다가 아프게 하다가 결말에서는 따뜻한 감동을 주면서 끝이 난다.

아름답고 훌륭한 이야기 그림책이 얼마나 많은가? 학생들이 예쁘고 아름다운 것, 가슴을 뜨겁게 하는 그림책을 더 많이 만나 오늘처럼 어렵지 않게 이야기 속으로 빠져든다면 얼마나 좋을까? 나는 담당 선생님을 졸라 학생들이 수업 때 읽은 그림책 중 한 권이라도 가져갈 수 있도록 해달라고 부탁했다. 하나같이 재미난 그림책 중에서 한 권 고르는 일은 너무 어렵다며, 칠판 앞에 세워진 그림책 표지를 차례로 쓰다듬으며 헤어지기 아쉬워하는 풍경이라니….

나중에 학생들이 쓴 평가서를 기대 없이 받아보고 나는 깜짝 놀랐다. 학생들은 나의 '사람 책 이야기'에 반응해 주었고, 자신들의 마음과 고민을 담아서 그림책들을 깊이 있게 감상했다. 그림책이라는 세계, 그림책 작가에게 새로운 관심이 생겼다고 했다. 그 많은 말 가운데에서 나를 떨리게 한 문장이 있었다.

그림책 속에 들어 있는 단어들이 너무 예뻤다.

배추의 안부, 사마귀의 안부

8월 말, 여름 끝자락에 월곡리 반장님이 마을을 돌며 김장 배추 모종을 한 판씩 나누어 주었다. 나는 꽃밭 가꾸기도 힘이 달리는 터라 먹거리 키우는 데는 시간을 덜 쓰기로 단단히 마음먹었다.

반장님한테 받은 모종판에 빽빽이 심겨 있는 여린 배추 모종을 보는 순간 애초에 안 심겠다 먹은 마음이 사라졌다. 100개 가까운 배추 모종을 내다 버릴 수는 없지 않은가? 언제나 초록 푸성귀가 그리워 오매불망 주인을 쳐다보는 닭장 속 여덟 마리 닭을 위해서라도 배추 모종을 심기로 했다.

배추를 심고 나서는 아침마다 배추밭에 앉아 돋보기를 쓰고 배추벌레를 잡는다. 어쩌다 하루라도 그 일을 거르면, 보란 듯이 벌레가 배춧잎을 갉아 먹고 검은 똥, 초록 똥을 싸 놓았다. 배추 모종이 무사히 자라난다 해도 중간에 영양이 부족하여 알이 안 차거나 배추 뿌리 무름병이 돌아 팩 하고 쓰러질 때도 있다. 물론 어느 해인가 우연히 배추가 잘 자라 주어 우리가 키운 배추로 딱 한번 김장 김치를 담근 일도 있다.

2024년 여름날은 우리 모두 기후 걱정과 기후 위협을 동시에 생각하는 시간이었다. 30도를 넘는 날이 8월을 넘어 9월 추석까지 이어졌다. 늘 해 오던 대로 추석이 지나 밭에 배추 모종을 심고, 이틀 뒤에 나가 보니 배추 모종이 뜨거운 볕을 못 이기고 모두 말라 비틀어져 있었다. 바싹 마른 얇은 배춧잎이 팔 벌린 채 죽은 장면이라니….

이때쯤 시골에서는 만나는 이들끼리 "김장 배추 심었슈? 무씨는 뿌렸슈?" 하며 인사를 주고받는다. 그만큼 시골에서는 김장 농사가 중요하다. 올해 김장 농사 인사는 달랐다. "모종 살았어?", "배추 모종 몇 번째야?" 가는 곳마다 사람들은 배추 모종을 두 번, 세 번 사다 심은 이야기를 했다. 나는 새로 사 온 배추 모종 50개를 일부러 해 떨어지길 기다렸다 밭으로 나가 심었다. 다음 날에도 타오르는 햇볕은 식을 줄 모르고, 어린 배추 모종들을 바라보는 내 마음도 같이 오그라들었다.

우산이라도 받쳐 들어 그늘을 만들어 주고 싶었다. 저녁에 그늘진 배추밭에 앉아 배추를 살펴보니 흙 속에는 달팽이, 공벌레, 노래기, 지렁이 들이 많이 어울려 살고 있었다. 이 벌레들도 햇볕이 덜 따가운 저녁 시간이 좋은가 보다.

어라! 짝짓기 하는 메뚜기가 있다. 곤충들은 이 더운 날을 가을이라 여기고 자기 할 일을 하고 있었다. 몇 년 전 꽃밭 한쪽에서 메뚜기가 짝짓기 하는 장면을 처음 본 나는 덩치 큰 엄마 메뚜기가 아기를 업었다고 생각했다. 똑똑한 어린이 손님이 "저건 섬서구메뚜기가 짝짓기 하는 거"라며 아래쪽에 있는 것은 엄마가 아니라 암컷이고, 암컷이 수컷보다 훨씬 크다고 가르쳐 주었다. 9월에는 메뚜기, 사마귀, 방아깨비 들이 짝짓기 하는 장면을 흔하게 본다.

바람이 쌀쌀한 10월에는 암컷 사마귀가 서점 담벼락에 알을 낳는 모습도 보았다. 서점 담을 타고 치렁치렁 올라 갈색으로 변한 풍선덩굴 안쪽에서 사마귀는 온 힘을 다해 해산을 하고 있었다. 사마귀는 꽁지 끝으로 부지런히 거품을 뿜어 거품 집을 만들고 나서, 그 속에 자기 알을 넣고 있었다. 지금 내 앞에서 생생한 생명 탄생을 보면서도 무슨 일이 벌어지는지 믿을 수가 없었다.

때마침 서점에 손님이 오는 바람에 사마귀가 알 낳는 사진만 몇 장 찍고 그 자리를 떠났다. 저녁에 다시 가 보고는 깜짝 놀랐다. 어이쿠! 알을 낳은 암컷 사마귀가 옆으로 휙 쓰러져 움직이지를 않았다. 소명을 다하고 쓰러져 있는 암컷 사마귀는 비장해 보였다. 아기 숟가락 크기만 한 거품 집 안에 들어 있는 사마귀 알은 안전하게 벽에 붙은 채 겨울을 날 것이다. 숨 끊어진 암컷 사마귀를 풍선덩굴 아래쪽 흙에 묻으며 혼자 중얼거렸다.

"고생했어, 엄마 사마귀야. 내년에 네가 만든 거품 집에서 네 아기들이 꼬물꼬물 기어 나올 때 내가 말해 줄게. 너희 엄마 내가 안다고. 너네 엄마가 너희들 낳으려고 집 짓는 모습을 내가 다 봤다고. 너네 엄마 진짜 멋진 사마귀이니 엄마 닮아 멋진 사마귀로 살아가라고 말해 줄게. 안녕."

두 번째 심은 배추 모종은 무사히 뿌리를 내렸다. 사람은 물론, 사마귀와 메뚜기, 여름 끝자락에 심어 겨울에 거두는 배추 모종까지 자기 목숨대로 살기 위해서는 무엇보다 기후가 따라 주어야 한다.

봄, 여름, 가을, 겨울, 당연하고 익숙한 계절의 순환 속에 살던 우리는 이번 여름 많이 당황했다. 새로 태어날 어린 사마귀들에게 앞으로도 안부를 묻고 싶고, 속이 꽉 찬 배추를 상상하며 배추 모종을 심고 가꾸고 싶다. 그런 세상을 위해 우리는 무얼 어떻게 해야 하는가?

부부에게 필요한 숨구멍

"내일은 몇 시에 병아리 가는가?" 저녁마다 남편에게 습관처럼 묻는 말이다. "병아리 간다.", "내일 병아리 쉰다." 이런 말은 우리 집에서만 통한다. 밤마다 남편은 마른 누룽지 하나를 냄비에 넣고 물을 부어 놓는다. 날마다 들고 다니는 큰 가방에는 마스크, 모자, 무릎 보호대, 휴지, 긴 수건, 짧은 수건, 물병 등이 들어 있다. 학교 가는 학생보다 더 정성껏 가방을 싸서 식탁 의자에 세워 놓는다. 새벽에 일어난 남편은 밤사이 냄비에서 불어난 누룽지를 끓여 후룩후룩 떠먹고 일터로 간다. 가끔 남편이 도시 친구에게 걸려 온 전화에다 자신이 하는 일을 설명하는 소리를 들을 때가 있다.

"야, 나 시골에서 몸 써서 막노동한다. 근데 이렇게 맘이 편할 수가 없다. 병아리 나르는 일을 해! 뭐라고? 병아리 감별사? 아니, 병아리 감별사가 아니고 부화장에서 갓 깬 병아리를 받아서 양계장에 넣는 일을 한다고. 아니, 아니⋯."

　아무리 설명해도 저쪽은 남편이 하는 일을 이해하지 못하는 눈치다. 부화장에서 막 알을 깨고 나온 병아리는 한 상자에 100마리씩 담겨 트럭에 실려 양계 농가로 옮겨진다. 남편 일행은 양계 농가 앞에서 기다리다 트럭이 도착하면 병아리 상자를 내린다. 10박스씩 상자를 수레에 올려 쌓아 커다란 양계장 안으로 밀고 들어간 다음, 빠르게 상자를 풀어 병아리를 닭장에 붓는다. 이 병아리들이 양계장에서 45일 동안 사료를 먹고 몸이 자라면, 사람들이 먹는 삼계탕이나 튀김 닭이 되기 위해 또 어딘가로 옮겨진다. 우리가 먹는 닭고기들은 대부분 이 과정을 거친다. 이 일을 하는 동안 남편은 온몸이 땀에 젖지만, 다행히 1시간 안에 끝난다. 새벽에 나가 일을 마치면 4만 원을 받고, 양계장 두 곳에서 일한 날에는 두 배의 임금을 받는다.

　처음 이 일을 제안받았을 때 남편은 "저는 안 합니다. 괜찮습니다."라고 소개한 사람에게 말했다. 옆에 있던 나는 표정이 굳어지면서 '미쳤어. 왜 일을 안 하려는 거지?'라고 생각했다. 집에 돌아와 어렵게 입을 열어 내 맘을 전했다. 부부가 함께 살아온 시간이 30년이고 별일 없으면 앞으로 또 그만큼을 보내야 할 텐데⋯. 지금 이대로 아무런 변화 없이 나머지 시간을 보내고 싶지 않았다. 게다가 남편의 나이는 반나절 노동쯤은 너끈히 해낼 수 있을 만큼 젊다. 나는 남편이 밖에 나가 일하기를 간절히 바란다고 말했다.

　남편이 퇴직하고 당진에 내려오면서 정원일, 밭일, 집안일을 같이할 줄 알았다. 나의 착각이었다. 그동안 티격태격하고, 서로 부딪히며 깨달은 것은 일을 보는 시각이 크게 다르다는 것이다. 남편은 자기는 시골 일을 잘 모르니까 일이 생길 때마다 시키라고 말했지만, 정작 내가 시키는 일 하나를 마칠 때마다 "됐지?" 했다. 시키는 일을 해야 하는 사람 마음이 좋을 리가 있겠는가. 나는 그 속마음도 모르고 바보같이 또 일을 주문했다. "저쪽 밭 끝에 당근을 심을 거야. 흙에 있는 돌을 골라내 줘." 하면, 남편은 "돌을 왜 골라? 그리고 당근을 꼭 심어야 해?"라며 반문했다. 안 하겠다는 것을 그렇게 말하는 거였다.

　시골살이 오륙 년이 지나며 키우는 꽃과 작물 가짓수가 점점 늘어나 몸은 고됐으나 유튜브 농사 고수들이 가르쳐 주는 비법을 따라 하는 재미가 쏠쏠했다. 몇 년 전, 방울토마토 '곁순 잘라내기'를 배워 기적 같은 일도 경험했다. 토마토 순이 자라기 시작할 때 주가지 하나만 남기고 옆에서 올라오는 곁가지는 무조건 잘라 버리는 방법이다. 곁가지를 그대로 놔두면 알이 작은 토마토만 많이 열린다는 것이다. 고수들의 한결같은 말을 그대로 따라 해보니 탱탱한 방울토마토가 실하게 열렸다. 주가지 하나만 키우니 사방으로 뻗어 엉키는 곁가지가 적어 관리도 한결 쉬웠다. 방울토마토뿐만 아니라 오이, 가지, 고추 나아가 꽃과 나무들에도 곁순 자르기는 아주 유용한 기술이었다.

    남편은 새로 하는 일을 많이 어려워하는 사람이다. 그러나 자기 일이라는 분명한 명분이 생기면 누구보다 그 일을 열심히 했다. 남편이 병아리 일을 시작한 지 2년이 다 되어 간다. 내가 유튜브에서 새로 배운 농사 지식을 밭에 적용하며 기쁨을 느끼듯이 남편은 새로 시작한 일을 하며 지금껏 못 본 세상을 경험했다. 무엇보다 함께 일하는 사람들과 아주 가까워졌다. 그분들은 각자 집에서 소소하게 농사를 지어 거둔 단호박, 대파를 비료 포대 가득 채워 나눔을 했다. 내가 땅에 뭐라도 심을라치면 하지 말라고 손부터 내젓던 남편이 그분들에게 배추나 파 심는 때를 전해 듣고 와 내게 알려 주었다.

    남편은 3~4명이 한 조가 되어 짧은 시간 땀 흘려 일하고, 밥 먹고 헤어지는 이 일을 아주 만족해했다. 날마다 무거운 병아리 상자를 트럭에서 들어 내리고 미는 일을 반복하느라 남편은 습관처럼 한 손으로 아픈 어깨, 팔, 손목을 꾹꾹 누른다. 약국에 들러 파스 사는 데 하루 일당을 다 쓰는 날도 있지만 분명한 것은 일하는 동안 남편의 얼굴 표정이 달라지고 몸이 단단해졌다는 것이다.

"생각해 봐. 내가 시골 안 왔으면 서울에서 어떻게 살았겠어? 내가 취미가 있기를 해, 산을 좋아하기를 해? 난 아마 동네 도서관에 가서 추리 소설이나 봤겠지. 난 지금이 너무 좋아. 내가 당신 덕분에 시골로 내려올 수 있었던 거지. 나라면 이런 결정을 못 하지. 죽었다 깨나도 못 하지." 술 한 잔 들어가면 남편은 이렇게 속마음을 자주 얘기한다.

새벽에 일을 나가는 남편 덕분에 나에게는 커다란 숨구멍 하나가 생겼다. 남편은 남편대로 하기 싫은 아내 밭일을 도와주다가 화내다가 결국 싸우는 사람으로 있는 대신 날마다 친구들과 숨이 차오르는 노동을 한다. 다행이다. 정말 다행이다.

마당 결혼식

〈그림책꽃밭〉 마당에서 딸아이가 결혼식을 했다. 폭풍같이 내리는 빗속에서 결혼하는 장면이 나오는 영화 〈어바웃 타임〉처럼 딸아이 결혼식 날에도 비가 많이 내렸다. 사람이 할 수 있는 노력을 다해도 날씨만큼은 어쩔 수 없다는 걸 또 한 번 겪었다. 다행히 신랑 신부의 밝은 기운과 하객들의 축하가 잘 어울려 이날 내리는 비는 야외결혼식을 빛내 주는 또 하나의 낭만적인 장치가 되어 주었다.

신랑 신부 두 사람은 1년쯤 사귀는 동안 먼 나라로 여행을 다녀오더니 각자 따로 살던 집을 하나로 합쳤다. 그동안 월급을 쪼개어 생활하던 딸아이는 남자친구와 같이 살면서 고민 없이 맛있는 걸 시켜 먹을 수 있어 좋다고 했다. 아직 결혼하지 않았으니 양쪽 집안에 특별히 책임질 일이 없는 것도 한몫했다. 일 끝나고 둘이 동네 시장을 돌며 맛있는 것을 먹고 집에 들어와 각자 자기 일을 하며 사는 시간을 더 길게 갖고 싶어 했다.

그러던 어느 날, 결혼식을 해야겠단다. 단 예식장에서 하는 결혼식이 아니라 엄마 집 마당에서 작게 하는 결혼식이란다. 그리고 모든 것은 자기들이 알아서 할 테니 엄마는 꽃 핀 마당을 빌려 달란다.

30대로 접어든 우리 집 두 아이가 언젠가 결혼을 한다면, 내 짧은 머리 스타일과 안 어울리는 한복을 입어야 하나? 비싼 결혼식 비용은 어쩌나 같은 몇 가지 무거움이 내게 있었다. 그런데 저희가 알아서 결혼식을 하겠단다.

주인공 두 사람이 결혼식을 기획하고 출장 뷔페를 예약했다. 둘은 당진에 내려와서는 줄자를 들고 〈그림책꽃밭〉 마당을 큰 걸음으로 걸으며 결혼식 날 손님 테이블이 놓일 곳을 가늠했다. 나는 결혼식을 핑계로 그동안 갖고 싶던 꽃들을 욕심껏 심었다. 유난히 더운 여름날을 지내며 꽃들이 타 죽을까 아침마다 정원으로 뛰어나가 물을 듬뿍 주며 보살핀 게 내 수고였다.

딸아이는 복닥복닥 사람이 많은 환경에서 나고 자랐다. 우리 부부가 똑같이 육 남매의 막내이니 양가에 모두 가족이 많았다. 이모, 삼촌, 큰집 식구, 언니, 오빠…. 이 많은 사람과 어울려 살아온 시간, 그들과 얽혀 생긴 소소한 추억들이 자기 안에 있다는 걸 받아들이며 딸아이는 자신도 그 길을 가야겠다고 생각했다. 결혼식을 올리고, 아기를 낳아 키우며 그들처럼 살고 싶은 마음이 찾아온 것이다.

〈그림책꽃밭〉 오픈식이나 음악회 같은 큰 행사가 있을 때마다 딸아이는 시간 내어 당진에 내려와 행사를 도왔다. 그때의 경험을 더듬어 딸아이는 마당 결혼식을 해볼 용기를 냈다. 남편은 결혼식 날에 차가 많이 올 것을 대비하여 이장님에게 마을회관 주차장을 쓸 수 있도록 허락을 받는 일, 당진 막걸리를 사 와서 미리 냉장고에 넣어 놓는 일, 아들아이와 함께 축가를 불러야 하는 등의 엄중한 숙제를 맡았다.

결혼식을 며칠 앞둔 추석날 밤에 신랑 신부 두 사람과 마당에 모닥불을 피우고 앉아 차를 마셨다. 동그랗게 뜬 노란 달을 바라보며 곧 있을 결혼식 날에 대한 이런저런 이야기를 나누었다. "자네는 무슨 소망을 빌었나?" 물으니 신랑은 "어유, 어머니 저는 소원 없어요. 결혼식 날에 비만 안 오면 되지요." 했다. 나는 "설마 비가 오겠어?"라고 가볍게 말했다.

안 올 거라 믿던 비가 결혼식 하루 전부터 시작하여 쉬지 않고 내렸다. 미리 우리 집에 모여 결혼식 축제를 즐기던 친정 식구들은 늦은 밤까지 내리는 비를 걱정하느라 잠을 설쳤다. 신랑 신부가 양재 꽃시장에서 사 온 꽃으로 만들어 놓은 웨딩 아치가 비바람에 넘어지게 생겼다. 다행히 남자들이 철사를 이용해 네 군데를 땅에 잡아매어 아치는 더 이상 흔들리지 않았으나 비를 머금은 꽃들은 고개를 아래쪽으로 떨구었다. 아치 위에다 우산을 씌우고 비닐을 덮으며 부디 하루만 버텨 주길 바랐다.

결혼식 날이 밝았다. 결혼식은 12시인데 아침 9시, 10시, 11시가 되어도 비가 그치질 않으니 진행하는 이들, 가족, 신랑 신부는 무거운 속을 들키지 않으려 서로 눈을 피했다. 먼 곳에서부터 결혼식을 보기 위해 이곳 당진 시골 마을까지 오는 손님들의 불편함이 제일 큰 미안함이었다. 식사를 위해 펼쳐 놓은 테이블 위쪽 파라솔에서, 덮어 놓은 테이블보에서 빗물이 떨어졌다. 손님들은 젖은 의자에 앉기를 포기하고 우산을 든 채 서 있었다. 11시 30분쯤에 비가 조금 주춤해졌다. 신랑이 내 쪽으로 걸어오더니 "어머니, 그냥 지금 식을 올리려고요." 했다. "그럽시다. 내 집, 내 마당이라 맘대로 할 수 있어 좋네. 지금 바로 합시다."

신랑 신부는 식순에 따라 입장을 마치고 뒤로 돌아선 순간 자신들을 향해 따뜻한 미소와 박수를 보내 주는 우산 속 하객들을 보며 정신이 번쩍 들었다고 했다. 이때부터 두 사람은 가지고 있는 모든 에너지를 끌어올려 기쁘게 식을 주도했다. 신랑 신부는 서로에게 쓴 편지를 읽었다. 양측 친구들이 무대에 나와 노래를 하고 남편과 아들아이가 화음을 넣어 축가를 불렀다. 그새 다행히 비는 가랑비로 바뀌었다. 가랑비쯤은 비도 아니라는 듯 손님들은 우산을 접고 축제를 즐겼다. 나는 엄마의 주례사를 맡아 미리 준비한 축복의 말을 신랑 신부와 하객들에게 전했다. 결혼식을 마치고 돌아가는 손님들은 〈그림책꽃밭〉을 들어올 때와는 다른 환한 얼굴로 한마디씩 했다.

"비 오면 어때요. 이런 결혼식 첨 봐요."

"낭만적이네요. 결혼식 내내 덩달아 행복했어요."

내 친구 윤선이와 함께 온 미국인 친구 바바라와 로리는 엄지손가락을 치켜세우며 연달아 원더풀을 외쳤다. "감자꽃! 나도 아이들 결혼할 때 감자꽃처럼 예쁘고 편한 옷 입을래요." 후배가 내 옆에 와서 말하길래 나는 "사돈이랑 마음이 맞아야 가능한 일."이라고 웃으며 대답했다.

손님들이 모두 돌아간 뒤 다섯 식구가 둘러앉은 자리에서 사위는 "저는 결혼식 못 할 줄 알았어요. 안 되겠다 싶었는데 되더라고요. 되는 걸 봤어요. 제가 오늘 겪었어요." 하니까 옆에서 고개를 끄덕거리던 남편이 결혼식보다 내리는 비 때문에 마음고생한 일들을 다시 얘기하며 고개를 가로로 흔들었다.

날마다 비슷한 나날을 살다 보면 가끔 멋을 부리며 다르게 살고 싶은 날이 있다. 특히 결혼식같이 특별한 날을 재미나고 의미 있게 만들기 위해서는 갑작스러운 변수를 감수할 용기가 필요하다. "엄마, 재밌지?" 결혼식을 준비하고 끝날 때까지 딸아이가 제일 많이 했던 말이다.

결혼식을 마치고 손님들이 핸드폰으로 보내오는 사진들

을 보니 실제 우리가 치른 우중 결혼식보다 훨씬 평화롭고 아름다운 장면들이 가득했다. 투명 우산을 서로 받쳐 주며 눈을 맞추고 노래하는 신랑 신부가 더없이 예뻤다. 우리가 겁 없이 〈그림책꽃밭〉에서 마당 야외결혼식을 할 수 있었던 것은 이 아름다운 추억을 갖고 싶어서였나 보다.

우리들의 피난처

〈그림책꽃밭〉 서점에서는 한 달에 두 번 글쓰기 모임을 한다. 모임에 오는 여성들은 주로 사십 대 전후 나이의 주부다. 이들은 가정에서 육아에 전념하는 한편으로 의미 있고 새로운 일을 찾아 배우며 바쁘게 산다. 아이들은 예쁘다가 말 안 듣다가 소리 지르고 떼쓰다가 때론 아프다. 이 아이들을 먹이고 입히고 손 붙들고 병원 다녀오느라 하루가 어떻게 지나는지 모르게 살지만, 이들은 지금 참 좋은 시간을 사는 중이다. 내가 보기엔 그렇다.

한편으로 이들은 다 말할 수 없는 어떤 것을 품고 남몰래 눈물짓는 시간도 있을 것이다. 울고 나서도 계속 꼬리를 물며 생각을 차지하는 것, 넘지 못한 단단한 벽, 상처를 준 말, 상처받은 말 때문에 자유롭지 않다. 답이 없다. 안 되겠다. 도저히 이대로는 안 되겠다. 과거 나에게는 그런 막다른 길에 친구와 스승이 있었다. 그들은 대부분 책을 읽고 글을 쓰는 사람들이었다. 나는 그들을 좋아하여 그들의 삶을 닮아 가기로 맘을 먹었다.

2000년대는 시민 단체에서 시민운동을 이끌던 사람들이 하나둘 단체 밖으로 나가 자신이 사는 마을, 골목에서 작은 모임을 만들어 활동하는 시절이었다. 나 역시 그랬다. 시민 단체 어린이도서연구회를 나와 구로동 마을 골목에서 〈그림책꽃밭〉 글쓰기 모임을 했다. 아이 키우는 젊은 엄마들이 눈에 보이는 것보다 훨씬 많은 불안과 삶의 의문을 풀어내지 못한 채 사는 것을 알게 되었다. 모임에서 그들은 아무에게도 말하지 않으려 작정한 이야기가 그림책을 보며 떠오르는 바람에 난감해했다. 그 난감함을 견디지 못하고 그림책 모임을 그만두는 이도 있었다.

사람이 만나고 헤어지는 것도 일부러 어찌지 못하는 운명이다. 한번은 그림책 『100만 번 산 고양이』를 읽고 글을 써 오기로 한 날에 결석한 친구가 있었다. 나중에 그녀가 고백하기를, 그 그림책 앞에서 마구 올라오는 기억들이 있어 마음이 불편했고 모임에서 그 기억을 말하는 자신이 수치스럽게 생각되었다고. 그러니 어쩌겠는가? 그림책과 글쓰기를 좋아하기는 쉬우나 그걸 붙들고 자기 자신을 갈아엎고 직면하며 글을 쓰는 일은 그리 만만치 않은 것을….

나는 당진에 와서 서점을 열자마자 공지를 올렸다. 그림책 읽고 글쓰기 하는 모임을 하자고. 이는 곧 나를 위한 일이자 내가 잘할 수 있는 중요한 삶의 실천이다. 언젠가 『내 이름은 삐삐 롱스타킹』의 작가 린드그렌을 인터뷰한 글을 읽은 적이 있다. 아주 오래전이지만 인상 깊게 기억되는 부분이 있다. 그때 이미 얼굴에 주름 가득한 린드그렌은 사는 동안 정치 참여를 할 것이고, 동네에서 하는 책 모임을 계속할 것이라 힘주어 말했다. 나는 내가 좋아하고 존경하는 사람들의 삶의 방식을 감히 흉내 내며 산다. 린드그렌이 실천한 정치적 참여와 책 모임은 내게는 무조건 좋은 거다. 그녀가 했다는 책 모임을 나도 하고 있으니 왠지 린드그렌과 내가 연결된 것만 같다.

〈그림책꽃밭〉 글쓰기 회원들의 수다 주제는 다양하고 깊다. 무엇보다 많이 웃는다. 우리는 모두 수다와 글쓰기, 수다와 책 읽기가 균형을 이루며 살기를 원한다. 같은 책을 읽고 써 온 글들이 비슷한 생각일 때도 있고 전혀 다른 세상을 보여주기도 한다. 글을 읽은 뒤 회원들끼리 칭찬과 혹평을 주고받다 살짝 긴장감이 돌 때가 있다. 그것도 어쩔 수 없다. 언젠가 우리 모임을 촬영하던 방송국 피디가 물었다. "그렇게 직설적으로 말하면 듣는 사람 상처 안 받아요?", "받아요. 받으라고 하는 말이에요. 호호호".

명절 연휴나 아이들 방학 동안 글쓰기 모임을 쉴 때가 있다. 언젠가 추석 연휴를 보내고 〈그림책꽃밭〉에 온 회원들이 밀린 이야기를 나누다가 한 사람이 말했다. "그동안 이런 단어, 이런 문장을 얼마나 말하고 싶었는지 몰라. 드디어 실컷 말하네. 여기 오면 저절로 되는 문장이 있다니까. 이 모임이 나한테는 피난처이자 휴식처야."

2024년부터 우리 회원들은 돌아가며 〈당진 신문〉에 그림책 감상글을 연재하기 시작했다. 신문에 이름 석 자로 시작하는 글이 실릴 뿐 아니라 당당히 원고료도 받는다.

요즘 우리 지역 초등학교에서는 전교생에게 AI 교육을 시키려는 준비가 한창이다. 맨 먼저 학교 건물을 새로 고치고 'AI미래교육센터'라는 생소한 간판을 붙여 놓았다. 이를 보는 젊은 엄마들 마음이 답답하다. 식당이나 카페에 가면 겨우 의자에 앉을 수 있는 어린 아기 앞에 깜빡거리는 핸드폰이 놓여 있는 풍경은 이미 흔하다. 이 아기들이 자라 초등학교에 들어가면 원하든 원하지 않든 'AI미래교육센터'에서 인공지능을 배울 것이다. 인공지능 세상은 우리를 어디까지 데려갈까? 거부할 수 없는 거대한 흐름과 현상 앞에서 우리는 미래를 붙잡아 이야기를 나누고 글을 쓸 뿐이다.

그림책 인생 꽃밭 넷

　세상에는 가족에게 받은 상처 때문에 씻을 수 없는 아픔을 안고 사는 사람들의 이야기가 차고 넘친다. 겉으로는 평범해 보이지만, 가족 안에서 비교와 억압을 당하거나 오랜 시간 과보호 속에서 살다가 결국엔 서로를 원망하며 헤어지기도 한다. 이러한 현실은 가족은 소중하고 가족은 지켜져야 한다는 오랜 가치관과 충돌한다. 부모는 가족을 사랑하고 책임진다는 명분으로 때로는 가족 구성원들을 구속한다. 함부로 힘을 쓰고 가치관을 주입한다.

　어릴 적 나는 엄마 옆에 엎드려 숙제를 하거나 그림을 그리고, 남동생은 폐지로 딱지를 접으며 놀던 저녁 풍경이 잠깐 있었다. 꿈같은 시간으로 기억한다. 내가 부모가 되어 아이를 키울 때는 고맙게도 아름다운 그림책이 있어, 그림책을 읽으며 아이와 시간을 함께했다. 엄청난 시대의 변화가 내

한 몸을 통과해 지나간 지금은 사랑을 위해, 가족을 이루기 위해 돈과 물질이 많이 필요한 세상이 되었다.

얼마 전 어린이집에서 3~5세 어린이 부모들을 위한 강의를 했다. 직장을 마치고 서둘러 온 엄마들은 아이를 남편에게 맡기고 겨우 한 시간 남짓 강의를 들었다. 이 짧은 시간 동안 나는 무슨 이야기를 해야 하나 싶어 마음이 급했다.『달님 안녕』,『사과가 쿵!』,『두드려 보아요』,『괴물들이 사는 나라』표지라도 보여주려 했다. 스무 명 젊은 엄마들은 이 그림책들을 처음 본다고 했다.

우린 언제부터 이렇게 바빴을까? 엄마 아빠가 아이 옆에 오래오래 머물려면 뭘 어떻게 해야 할까? 태어나는 아이의 수가 줄어드는 것보다 더 아쉬운 것은 태어난 아이와 부모가 충분한 시간을 보내지 않는 일이다. 내가 벽을 뚫고 나와 마술이라도 부릴 수 있다면 바쁜 엄마 아빠를 데려다 아이 곁에 있게 하고 싶다.

가족이라면 같이 밥 먹고 같이 뒹구는 일상의 시간이 충분히 쌓여야 하지 않는가? 충분한 돈이 있어야 아이를 낳고 키울 수 있다고 말하는 나의 딸과 아들 세대에게 아니라고, 아이는 '시간'으로 키우는 거라 말하면 나를 꼰대라 할 것이다. 그래도 할 수 없다. 시간으로 키운 아이가 부모에게 다시 시간을 내어 준다.

어느 날, 아무 이유도 없이

♡ ♪ ♡

다비드 칼리 글 | 모니카 바렝고 그림
책빛 2017

어느 날 남자의 등에 날개가 생겼다. 남자는 당황하여 의사 선생님을 찾아가고 엄마와 친구에게 전화하는데 그들은 아들을, 친구를 위로하는 말 한마디를 못한다. 정작 길을 지나던 한 아저씨가 남자 등에 난 날개를 멋지다며 감탄한다. 그러나 남자는 날개 때문에 갖은 곤란을 겪는다. 남자 등에 난 날개는 무엇을 의미할까? 어쩌면 곧 사랑을 시작할 것이다. 그래서 지금까지와는 전혀 다른 새로운 인생을 맞이할지도 모른다.

지금 시대 젊은이들은 미래를 걱정하는 일에 시간을 많이 쓴다. 젊었기 때문에 저지르고 실패하고, 젊었으니 무모한 사랑에 빠져도 된다는 말을 이들 앞에서 하기 어렵다. 부모 세대는 이들을 낳아 키우며 열심히 공부하기 위한 만반의 환경을 만들어 놓고 그 안에서 이들을 살게 했다. 그 결과 이들 세대는 공부하고 시험 보고 돈 벌기 위해 힘을 쓰느라 그만 사랑하기를 놓쳐 버렸거나 사랑이 어색하기만 하다. 어쩌다 사랑의 신호가 찾아와도 본인은 물론 주위에서 응원해 주는 소리조차 힘이 없다. 사랑은 뜨겁고 터질 듯 행복하다가 때론 절망스럽다. 사랑은 아프다. 사랑은 이렇게 답 없는 혼돈을 가져다주지만 그럼에도 사랑 없이 살고 싶은 사람이 있을까?

등에 날개가 생겨난 남자와 등에 날개가 돋아난 여자는 묘하게 서로를 알아본다. 이들은 이제부터 세상에서 제일 특별한 시간을 누릴 것이다. 혹시 주위에서 사랑을 시작하는 이를 본다면 지체 없이 말해주어야 한다.

"네 날개가 얼마나 멋진 줄 아니?"
"지금 사랑하고 있는 네가 얼마나 이쁜 줄 아니?"

돌 씹어 먹는 아이 (그림책)

🌰🌰🌰
송미경 글 | 세르주 블로크 그림
문학동네 2019

그림책 제목처럼 아이는 돌을 밥처럼 먹고 살지만, 가족에게는 비밀이다. 알고 보니 아빠, 엄마, 누나도 모두 좋아하는 어떤 것을 몰래 먹고 산다. 아이는 자신의 비밀을 끝내 가족에게 말하지 못한 채 어느 날 긴 여행을 떠난다. 집에는 더 이상 아이가 씹어 먹을 돌이 없는 데다가 비밀을 숨기고 살기 답답해서다. 아이는 밖에 나가 자기처럼 돌 먹는 이들을 만나 모처럼 편안하고 자유로운 시간을 갖는다.

송미경 작가의 동화를 그림책으로 만들었다. 은유와 상징을 많이 담고 있는 그림책이지만, 자기 정체성을 만들기 시작하는 초등 3~4학년 어린이들은 물론, 부모들도 이 이야기에서 어떤 해방감을 느낄 수 있다. 특히 가족이 함께 보기를 권한다. 우리 모두의 이야기이기 때문이다.

또드랑 할매와 호랑이

오호선 글 | 이명애 그림
여유당 2024

'옛날 옛날에' 이 한마디는 단박에 아이들을 사로잡는다. 옛이야기는 아이와 어른이 이야기를 주고받고, 줄거리를 맘대로 줄였다 바꿨다 하며 시간을 같이하는 말놀이다. 구비문학의 하나로 오랜 사랑을 받던 옛이야기가 최근엔 잘 보이지 않아 아쉬웠는데, 창작 옛이야기 그림책이 나왔다.

『또드랑 할매와 호랑이』는 옛이야기 〈팥죽 할멈과 호랑이〉를 차용하여 지었다. 할머니와 손녀가 등장해서, 또드랑 할매와 호랑이 이야기를 서로 주고받는다. 이는 옛이야기가 지닌 말놀이와 이야기성을 자연스레 녹여 내고자 한 구성으로 보인다. 작가 오호선은 평생 어린이와 함께하며 옛이야기를 재탄생시켰다. 이 그림책에서도 우리말이 쉬운 입말로 살아 움직인다. 아이를 안고, 아이 눈을 보며 이 옛이야기를 들려주자. 그러기에 딱 좋은 그림책이다.

해피버쓰데이

🐰 🐿 🐰

백희나 그림책 | 스토리보울 2024

　백희나는 아이들 마음을 기막히게 알아보는 작가다. 백희나의 그림책을 따라가며 꿈같은 판타지 세상을 경험한 아이들은 마음속 외로움이나 걱정을 떨치고 밖으로 뛰쳐나가 친구와 어울려 논다.

　『해피버쓰데이』 주인공은 얼룩말 제브리나다. 무슨 이유인지 기운 없이 집에만 있는 제브리나를 걱정한 그녀의 막내 이모가 생일 선물로 신기한 옷장을 보내 준다. 옷장 문을 열면 하루에 한 벌씩 머리부터 발끝까지 멋지게 어울리는 옷, 장신구, 신발 일체가 걸려 있다. 제브리나는 그 옷들을 날마다 바꿔 입으며 기분이 밝아진다.

　그런데 정작 생일에는 고깔모자 하나만 달랑 옷장 선반에 놓여 있다. 실망한 제브리나는 고깔모자를 쓴 채 울다 잠든다. 제브리나는 알까? 자기가 아름다운 유니콘이 되어 하늘을 날고 싶었다는 것을. 제브리나는 엉뚱한 이모가 보내 준 마법 옷장 덕분에 유니콘이 되어 밤하늘을 날아다닌다. 꿈에서 깨어난 제브리나는 달라졌다. 예전처럼 집에만 틀어박혀 지내지 않는다. 마법 옷 대신 평소에 입던 자신의 옷을 입고 당당히 밖으로 나간다.

우리 집안에서 나는 엉뚱한 '막내 이모'다. 아이 엄마에게는 안 보이는 것이 이모에게는 보인다. 아이의 말, 아이의 꿈이 황당하다 말고 잘 들어 주고 응원해 주는 엉뚱한 막내 이모는 많을수록 좋다. 2024년 응원봉을 들고 광장에 나와 대한민국 민주주의를 노래하는 수많은 소녀, 제브리나들은 최고로 아름답다. 노벨 평화상을 주고도 남을 이 존재들에게 이 세상의 엉뚱한 막내 이모, 막내 삼촌들이 뜨거운 사랑을 보낸다.

나오며

새로운 날개와 뿌리가 필요한 때

내가 사랑하는 그림책 『미스 럼피우스』(바버러 쿠니 그림·글 | 시공주니어) 마지막 부분에는 나이 든 노인 럼피우스가 나온다. 그녀는 바닷가 마을에 집을 짓고 살며 자신이 인생의 마지막 즈음에 와 있다는 것을 알아차린다. 생로병사에서 마지막 '사'를 남겨 둔 노인이다. 어렸을 때 할아버지 무릎에서 세상 이야기, 아름다운 이야기를 들으며 꼬마 럼피우스는 맹랑하게 말한다.

"나도 어른이 되면 아주 먼 곳에 가 볼 거예요.
할머니가 되면 바닷가에 와서 살 거고요."

그녀는 할아버지로부터 집을 떠나 넓은 세상으로 나갈 수 있는 도전 정신과 자신이 태어난 곳으로 다시 돌아오는 소망을 어린 나이에 배운다.

　서울대 교수를 지내고 은퇴한 전영애 교수는 세계적인 괴테 연구가다. 노교수는 경기도 여주에 〈여백 서원〉을 짓고 괴테 하우스를 건축 중이다. 괴테 하우스를 완성하면 집 앞에 새겨 넣을 문구를 미리 골라 놓았다.

　부모가 자녀에게 주어야 할 것 두 가지.
　날개와 뿌리.

　괴테가 한 말이란다. 노교수는 한 번 더 힘을 주어 괴테의 말을 설명한다. 아이를 움켜쥐지 말고 넓은 세상으로 날아갈 수 있는 날개와 스스로 내릴 수 있는 뿌리를 주는 게 부모 역할이라고. 그렇다면 미스 럼피우스는 어린 시절 할아버지에게 날개와 뿌리를 제대로 선물 받은 행운아다.

　나는 태어나 살다가 떠나온 집을 그리워한 적이 없다. 공부 중심으로 돌아가는 학교생활이 힘들었고 그저 때가 되면 중학교 가고 고등학교 갔다. 고등학교 졸업하고 나서는 또 친구들을 따라 멋모르고 대학을 갔다. 참으로 의미 없는 삶의 시간을 보내다가 친정집에 머물러 살고 싶지 않아 결혼했다. 돌아가고 싶지 않은 과거만 남기고 피해 오듯이 결혼하여 엄마가 되었다. 나의 날개와 뿌리는 대체 무엇인가?

어릴 때 날개와 뿌리를 배우지 못한 나는 마음이 급했나 보다. 엄마가 되어 부지런히 책을 읽고 글을 쓰다 겨드랑이에 간질간질 날개가 돋아나는 걸 느꼈다. 내 몸에 돋은 날개를 믿고 날아다니며 아름다운 세상을 힘껏 배웠다. 급할 것도 불안해할 것도 없는 세상. 그 날개의 힘을 믿고 삶의 터전을 시골에 마련했다. 좋아하는 그림책을 한 권도 버리지 않고 모아 내 터전에 꽂아 놓았다. 머리 하얀 노인 럼피우스가 찾아와 차 한잔하자고 하면, 올봄 우리 마당에서 첫 번째로 꽃피운 생강나무 꽃차를 내어놓고 싶다.

"럼피우스, 나는 시골 서점에서 그림책을 팔고 있다우."
"그림책을 어떻게 팔아요? 그림책은 어린이들에게 읽어 주는 거 아닌가요?"
"내가 워낙 그림책을 잘 읽어요. 내가 읽어 주는 그림책은 안 사고 못 배겨요."
"응원해요. 당신이 원하면 뭐든지 하세요."

예순이 넘은 나는 종종 앞으로 이루고픈 소망이 뭐냐는 질문을 받는다. "하루하루가 나의 소망이다."라고 말하면 너무 멋을 낸 대답일까? 〈그림책꽃밭〉 주인으로 살아온 시간을 돌아보면 앞으로 내가 걸어갈 길이 조금 보인다.

내 옆에는 아름다운 그림책들이 있고, 아침에 눈을 떠 들뜬 마음으로 뛰어나가는 정원이 있다. 나는 몸을 움직여 일하기를 좋아한다. 텃밭을 일궈 약간의 먹거리를 해결하고 계절마다 피는 꽃들의 씨를 심고 가꾸는 일을 기쁘게 즐긴다. 서점에 오는 어린이와 어른들은 하나같이 이야기를 좋아한다. 그들에게 그림책을 읽어 주고, 그들의 이야기를 들어 주는 하루하루가 바로 내 소망이다.

다음별 컬렉션 04

그림책꽃밭에 살다
시골에서 책방 하기

초판 1쇄 찍은날 2025년 2월 7일 | 1쇄 펴낸날 2025년 2월 17일

지은이 김미자
책임 편집 김수현 | **교정** 박사례 | **디자인** 이은하
사진제공 그림책꽃밭, 최재훈 | **제작** (주)웅진 신홍섭
펴낸곳 나는별 | **펴낸이** 김수현 | **등록** 제2018-000118호
주소 (우)13474 경기도 성남시 분당구 판교로210번길 14
전화 070-8849-5340 | 전자우편 flyingstarbook@naver.com | 인스타그램 @fiyingstarbook
ISBN 979-11-88574-67-4 03810 | 979-11-88574-05-6(세트)

ⓒ 김미자, 2025

*이 책의 전부 또는 일부를 이용하려면 반드시 저작권자와 나는별 출판사의 서면 동의를 받아야 합니다.
*책값은 뒤표지에 있습니다. 잘못 만든 책은 서점에서 바꾸어 드립니다.

나는별은 모두가 하늘 높이 나는 별이 되길 꿈꾸는 출판사입니다